Der Weg hat keinen Namen

Leben und Vision
einer Sufi-Lehrerin

ANNETTE KAISER

Der Weg hat keinen Namen

Leben und Vision
einer Sufi-Lehrerin

Herausgegeben von Anna Platsch

THESEUS VERLAG

Theseus im Internet: www.Theseus-Verlag.de
Wir senden Ihnen gern unseren Gesamtprospekt zu.

Bibliografische Information der Deutschen Bibliothek
Die Deutsche Bibliothek verzeichnet diese Publikation in der deutschen
Nationalbibliografie; detaillierte bibliografische Daten sind im Interent über
http://dnb.ddb.de abrufbar.

ISBN 3-89620-180-8
ISBN 978-3-89620-180-5

Originalausgabe

© 2002 Theseus Verlag, Berlin,
in der Verlagsgruppe Dornier GmbH

Lektorat: Ursula Richard / Urte Knefeli-Zemp

Umschlaggestaltung: Morian & Bayer-Eynck, Coesfeld
unter Verwendung eines Fotos © Christian Helmle
Gestaltung und Satz: AS Typo & Grafik, Berlin
Druck: Ebner & Spiegel, Ulm
Printed in Germany

Gedruckt auf alterungsbeständigem Papier mit chlorfrei gebleichtem Zellstoff.

Inhalt

❧

Es gibt nichts als das Nichts.

Bhai Sahib

Vorwort

❧

Im Sommer des Jahres 2000 zogen sich Annette Kaiser und ich auf eine griechische Insel zurück, um in Ruhe die Gespräche für dieses Buch führen zu können. Wir wohnten in einer Bucht mit dem Namen »Fröhlicher Osten«. Es war genau die Schnittstelle zwischen Orient und Okzident – abends sahen wir auf die Lichter der Küste Kleinasiens, ein Landstrich voll menschheitsgeschichtlicher Erinnerungen, nicht nur für die Sufis. Beide hatten wir auf dieser Insel ein tiefes Gefühl von einem alten Zuhause.

Unser Anliegen war es, jenen Pfad, den uns Irina Tweedie vermittelt hatte, in seiner Universalität, seinem lebendigen Aufbrechen in die Notwendigkeiten und Entwicklungen der Gegenwart zu zeigen. Den offenen, weiten Geist, der ihn durchweht, spürbar werden zu lassen.

Frau Tweedie war eine gebildete Frau – 1907 in Russland geboren –, die nach den Wirren von Flucht und Kriegen in England lebte, verheiratet war und für die Theosophische Gesellschaft in London arbeitete. Einige Jahre nach dem Tod ihres Mannes reiste sie nach Indien und traf dort, im Alter von 54 Jahren, ihren späteren Lehrer. Bewusst gesucht hatte sie ihn nicht.

Über fünf Jahre unterzog sie sich seiner harten und genauen Schulung auf dem Pfad einer indischen Sufi-Linie.

1967 ging sie, nachdem ihr Lehrer gestorben war und sie viele Monate in den Bergen des Himalaja verbracht hatte, zurück nach London und begann in einem kleinen Zimmer über einer lauten Straßenkreuzung eine Meditationsgruppe mit einigen wenigen Leuten.

Im Auftrag ihres Lehrers hatte sie über ihre Schulung ein genaues Tagebuch geführt, das 1979 zuerst in einer gekürzten Fassung und dann vollständig 1986 in Englisch, 1988 dann auch in Deutsch und vielen anderen Sprachen erschien.* Rasch vergrößerte sich ihre Gruppe. Sie begann zu reisen, innerhalb Europas, in die USA, hielt Vorträge und Seminare. Aber immer wieder sagte sie, wir werden nie viele sein.

Ihre Arbeit veränderte sich, und ihre Schulung begann sich von der ihres Lehrers zu unterscheiden, nicht in der Essenz, aber in der Gestaltung – sie hatte den Pfad wirklich in den Westen transponiert und für uns zugänglich gemacht. Sie starb am 23. August 1999.

Annette Kaiser ist einer der beiden Menschen, die von Frau Tweedie beauftragt wurden, den Pfad weiterzugeben. Sie lebt in der Schweiz und hält Seminare und Vorträge in Deutschland und der Schweiz.

Erst als wir nach unseren Gesprächen von der Insel Samos zurückkehrten, haben wir erfahren, wie sehr diese Insel einst ihren Platz hatte in einer mystischen Kultur an den Quellen

---

* Die gekürzte Fassung erschien im Deutschen unter dem Titel *Wie Phönix aus der Asche*, Reinbeck: Rowohlt Verlag, die vollständige unter dem Titel *Der Weg durchs Feuer*, Interlaken: Ansata Verlag.

unserer Zivilisation, einer Kultur, in der die spirituellen Traditionen des Ostens und Westens nicht getrennt waren, in der es auch in unserem Kulturraum bereits das tiefe Wissen gab, nach dem sich so viele Menschen heute sehnen.

Wir staunten.

Chiemgau, im Februar 2001   *Anna Platsch*

Prolog

❧

Frau Tweedie hat uns immer wenig von ihrer persönlichen Geschichte erzählt. Mal da eine kleine Anekdote, mal dort eine Begebenheit aus ihrer Kindheit oder den Jahren in Wien. Sie meinte, ihre Vergangenheit wäre nicht wichtig. Das Wichtigste stünde in ihrem Buch. Du, Annette, bist jetzt bereit, von deiner Geschichte zu erzählen. Was bringt dich dazu, diesen Schritt zu tun?

Ich erzähle sie einfach, weil dies hilfreich sein könnte für andere Menschen. Es ist wie ein exemplarischer Rückblick in die Geschichte eines Menschen, um den roten Faden zu erkennen, der die Suche bedeutet. Jeder oder jede andere, der oder die zurückschaut, kann im Nachhinein etwas Ähnliches finden, wie sich seine oder ihre Suche schon früher im Leben ausgedrückt hat.

Ich selbst identifiziere mich nicht mehr damit. Es gibt eine Ebene in mir, wo ich spüre, dass das alles nichts mit mir als Person zu tun hat. Wir Sufis sagen ja, es gibt einen bestimmten Zeitpunkt, an dem wir die persönliche Geschichte ablegen. Das ist nicht etwas, was von außen geschieht. Sie fällt ab, weil es in letzter Instanz nichts anderes gibt als DAS. Keine persönliche Geschichte. Sie ist Erscheinungswelt. Sie ist relativ wahr. Sie ist die Welle an der Oberfläche des Meeres. Und das ist alles nur SEIN Spiegel, ein Spiel der Erscheinungswelt.

Es ist wichtig, dass das ausgesprochen ist. Man lässt die Dinge hinter sich zurück. Es gibt keine Vergangenheit und keine Zukunft, nur das Jetzt. Und das ist präsent in meinem Innersten.

Die Suche

❦

Annette, wie bist du Frau Tweedie das erste Mal begegnet?

Ich ging damals öfter in eine Buchhandlung in Bern, um an den Bücherregalen vorbeizuschlendern und intuitiv nach dem einen oder anderen Buch zu greifen. Und ich sah *Wie Phönix aus der Asche*, nahm es in die Hand, schaute kurz hinein, sah das Bild von Frau Tweedie und sagte: »Das muss ich lesen.«

Ich habe es gelesen, ich denke fast in einem Atemzug und ich wusste nur: »Genau so. Das ist es, was ich immer gesucht habe. Diese Radikalität, dieser Pfad, der zu den Wurzeln der Wurzeln geht, das möchte ich. Das habe ich schon immer gesucht.« Und somit brannte der Gedanke in meinem Herzen, so schnell wie möglich mit Frau Tweedie in Kontakt zu kommen. Ich wusste zunächst nicht, ob sie noch lebt oder nicht. Ich nahm dann über den Verlag Kontakt zu ihr auf.

Zu diesem Zeitpunkt war ich mit einer Gruppe von Menschen zusammen, die spirituell interessiert waren und den International Transpersonal Congress vorbereiteten, der 1983 in Davos stattfand. In diese Arbeitsgruppe brachte ich Frau Tweedies Buch mit. »Diese Frau müssen wir einladen. Sie ist eine große Inspiration, eine große Lehrerin.«

Und so wurde sie eingeladen. Und so fand auch meine erste

Begegnung mit ihr statt. Ich hatte damals zwei kleine Kinder, und obwohl ich am Rande mithalf, diesen Kongress zu organisieren, war es mir nicht möglich, längere Zeit von der Familie weg zu sein. Ich hatte lediglich einen Tag. Ich fuhr von Bern nach Davos, wirklich nur, um Frau Tweedie zu begegnen. Ich bekam einen Termin bei ihr am Nachmittag und war sehr aufgeregt. Ich klopfte an die Tür ihres Hotelzimmers. Sie öffnete mir, und ab da weiß ich nichts mehr. Ich weiß nicht, was in diesem Raum geschah. Black-out ist vielleicht falsch gesagt – jedenfalls, ich kann nicht sagen, was geschah.

Das war meine erste Begegnung mit ihr.

Gegen Abend fand dann ein Treffen mit dem Dalai Lama statt, der auch an dem Kongress teilnahm. Es waren nur wenige Menschen zu diesem Empfang eingeladen. Darunter auch Frau Tweedie. Dort habe ich sie das erste Mal überhaupt bewusst wahrgenommen: die ältere Dame, ihre blauen Augen, ihre tiefen blauen Augen. Mehr kann ich eigentlich gar nicht darüber sagen.

Du warst damals berufstätig und hast Familie gehabt. Wie war denn deine Situation?

Ja, ich war damals ziemlich eingebunden. Meine Tochter war anderthalb, mein Sohn war dreieinhalb Jahre alt. Ich war verheiratet, und wir waren beide berufstätig. Weil ich unbedingt Mutter sein wollte für die beiden Kinder, blieb ich halbtags zu Hause. Damals arbeitete ich in einem recht anspruchsvollen Job in einer Leitungsfunktion. Ich war bei Swissaid, einer privaten Hilfsorganisation, zuständig für Frauenfragen in der Entwicklungszusammenarbeit. Daneben lernte ich T'ai Ji. Damals meditierte ich auch schon regelmäßig, das heißt jeden Tag ein bis zwei Mal. Eher schlecht als recht versorgte ich den Gemüsegarten vor dem Haus. Mein Mann war da besser als ich. Ich war für das Kochen zuständig und hatte den Anspruch, Kopf und Bauch zusammen zu bringen. Also ein recht intensiver Alltag. Das war meine damalige Situation. Dazu kam dann noch nach dem Kongress von Davos eine weitere Aufgabe. Ich wurde von der TAIS – der Transpersonal Association Switzerland –, die diesen Kongress organisiert hatte, gefragt, ob ich ihre Präsidentschaft übernehmen würde, was ich gerne tat. So hatte ich also noch eine weitere Aufgabe.

Du hast erzählt, dass du zu diesem Zeitpunkt schon regelmäßig meditiertest. Das heißt ja, dass du schon bewusst auf der spirituellen Suche warst, bevor du Frau Tweedie begegnet bist. Kannst du erzählen, wie das in deinem Leben für dich angefangen hat?

Die Suche in all ihren Facetten hat sicherlich schon früh begonnen. Ich bin in einer ganz durchschnittlichen mittelständischen Familie aufgewachsen. Ich hatte Eltern, die geschäftlich sehr engagiert waren, und eine ältere Schwester, anderthalb Jahre älter als ich, die ich über alles liebte. Ich bin aufgewachsen mit Kindermädchen, die uns einfach beistanden. Und ich denke, so bis vierzehn Jahre lebte ich in einer Art Blase, wie eingehüllt. Ich war eigentlich mit der Welt kaum konfrontiert. Ich lebte ziemlich in mir. Das änderte sich allerdings radikal mit vierzehn Jahren, als ich nach Paris kam, um als Au-pair-Mädchen in einem Kloster zu arbeiten. Meine Schwester hatte nach Paris gewollt, um die Sprache zu lernen, und ich konnte mir einfach nicht vorstellen, ohne sie zu leben. Also sagte ich, ich möchte auch nach Paris.

Obwohl du mit der Schule noch nicht fertig warst?

Obwohl ich mit der Schule noch nicht fertig war. Ich war damals in der achten Klasse. Das Kloster lag mitten in Paris und gehörte einem Missions-Orden, St. Josef de Cluny hieß er. Wir waren sieben Mädchen aus der Schweiz, die dort arbeiteten. Ich hatte Putzarbeit zu machen und die schweren Kasserollen am Abend zu schrubben. Dort ging ich dann öfter in die Kirche, öfter und öfter. Nicht, dass wir gezwungen worden wären. Ich war zu Hause katholisch aufgewachsen. Nicht streng. Ich ging zwar jeden Sonntag in die Kirche, aber das war nicht dogmatisch. Wir waren relativ frei.

Und hier, ich weiß es noch ganz genau, sangen die Novizinnen an einem Sonntag in der Messe. Dieser Gesang hat mein Herz dermaßen berührt, dass ich das heute die *tauba* nenne. Das war SEIN Ruf, der mir bewusst wurde. Es war herzzerreißend für mich. Dieser Gesang hat mich zutiefst erschüttert. Von da an ging ich jeden Morgen in die Kirche und wollte Nonne werden. Das war ungefähr anderthalb Monate, nachdem ich in Paris angekommen war.

Meine Eltern hatten eigentlich vorgesehen, dass ich ihr Geschäft übernehmen sollte. So habe ich ihnen dann relativ schnell, nach zwei, drei Monaten, geschrieben, dass ich ins Kloster will.

Tauba

Die Sufis unterscheiden zwischen Stationen, die der Wanderer oder die Wanderin durchläuft und den Zuständen, die man dabei erlebt. Heute werden die Stationen im Äußeren nicht mehr besonders hervorgehoben. Aber natürlich durchläuft man sie. *Tauba* ist die erste Station auf dem Pfad, sie ist der Beginn. Ursprünglich bedeutet das Wort Reue. Es ist dieser eine Moment, in dem sich die Seele wendet, in dem man innen diesen einen Ruf vernimmt, der nach Haus führt. Auslöser können eine Begegnung sein, ein Satz in einem Buch, ein Blatt, das vom Baum fällt, der Augenblick eines bestimmten Lichteinfalls – *tauba* ist bei jedem Menschen einzigartig.

Weitere Stationen sind zum Beispiel *tawakkul*, das vollkommene Gottvertrauen, die Hingabe. Sie spielt eine große Rolle auf dem Pfad. Eng mit dem Prozess der Hingabe ist *fana* – das Entwerden in Gott – verbunden.

Die einzelnen Stationen sind in der klassischen Sufi-Literatur fast immer auch noch in einzelne Stufen unterteilt, so gibt es die Stufen der Geduld (*sabr*), die Stufen der Dankbarkeit (*shukr*) und die Stufen der Zufriedenheit (*rida*).

Wie haben deine Eltern reagiert?

Da sie selbst katholisch waren, konnten sie gar nicht viel dagegen sagen. Wahrscheinlich dachten sie, das ist so eine Macke, die bald wieder vergeht. Sie haben nicht viel gesagt. Sie haben es nicht verboten. Meine Eltern zeigten wirklich Größe. Sie haben das einfach erst mal stehen lassen.

Ich selbst war sehr schüchtern und hatte zu jener Zeit schon gelernt, mich ganz genau zu beobachten: Welcher Gedanke war bei Gott und welcher Gedanke war nicht bei Gott.

17

Es ist recht früh, zu diesem Zeitpunkt schon diese Fragestellung zur Verfügung zu haben. Ist sie aus dir selbst gekommen oder aus dem klösterlichen Kontext?

Sie war einfach da. Es ist nicht so, dass mir das die Nonnen gesagt hätten. Es war für mich eine sehr ernsthafte Angelegenheit.

Ich habe mich dann auch – auf Französisch – mit den Heiligen beschäftigt. Vor allem mit Therese von Lisieux, die mir sehr zusagte. Ihre Gedichte haben mich zutiefst bewegt. An ihr Gedicht »Les pétales des fleurs« kann ich mich heute noch erinnern. Wie sie eine innigste Verbindung mit Jesus einging und sich das in ihren Gedichten widerspiegelte.

> Die blattlose Rose ist einfach nur da,
> um davongetragen zu werden.
> Eine blattlose Rose gibt sich selbst
> unberührt.
> Um nicht mehr zu sein.
> Wie sie überlasse ich mich dir mit Freude,
> liebster Jesus.*
>
> *Therese von Lisieux*

---

* Zit. aus der Zeitschrift *Sufi*, Heft 39, London 1998, ins Deutsche übersetzt von Anna Platsch. Dort ist auch der auf Seite 19 erwähnte Artikel abgedruckt.

Für mich war sie ein Lichtpunkt. Ich orientierte mich an ihr und verband mich innerlich mit ihr. Sie war ja auch ganz jung. Ich erlebte eine innere Resonanz. Und sie hat mich einfach sehr berührt. Bis heute schwingt sie mit, und ich habe vor einem Jahr einen Artikel gelesen, in dem das Leben von Therese von Lisieux und das von Al Hallaj gegenübergestellt und ihre Gemeinsamkeiten herausgearbeitet wurden. Das hat mich sehr gefreut, weil ich Therese von Lisieux als Mystikerin empfand, ohne zu wissen, dass es Mystiker oder Mystikerinnen gab. Ich fühlte mich ihr verbunden.

Ich begann mich mit vielen christlichen, heiligen Frauen zu beschäftigen und habe mich selbst dabei intensivst erforscht, viel gebetet, Rosenkränze, ich weiß nicht wie viele am Tag. Es war unglaublich. Daneben geputzt, geputzt, geputzt. Durch meine Arbeit im dortigen Altersheim wurde ich in dieser Zeit auch das erste Mal mit dem Tod konfrontiert.

Habt ihr dort im Kloster über dein inneres Erleben gesprochen?
Überhaupt nicht.

Also warst du im Grunde ganz allein?
Ja, sehr allein, obwohl die Nonnen da waren. Aber interessanterweise sprach man in diesem Kloster nicht über die innere Welt, wir Mädchen untereinander auch wenig.

Was vielleicht auch wie ein Schatten über dieser Zeit lag, das war die scharfe Trennung der Welten – hier die heile, innere Welt des Klosters und dort die böse Welt draußen. Wir machten ja auch manchmal Ausflüge, auf den Eiffelturm oder in einen Park. Und da draußen kristallisierte sich mehr und mehr die böse Welt heraus.

In den Augen der Nonnen?

In den Augen der Nonnen und wie darüber gesprochen wurde. Es gab so eine Art Polarisierung, mit der ich später schwer zu kämpfen hatte, um beide Seiten wieder zusammenzubringen. Da war das Innenleben, da war diese innere Verbindung zu Gott, das war das Hauptsächliche und da draußen war diese bedrohliche Welt. Die Welt der Versuchung, wie sie in einem christlichen Kontext oft verstanden wird. Mehr und mehr hat sich das herausgebildet.

Nach einem Jahr bin ich ganz kurz zurückgegangen zu meinen Schulgefährtinnen, und danach fuhr ich für ein Jahr nach England. Weit weg nach Essex in ein ehemaliges Grafschaftsgut mit alten Leuten und vier Nonnen. Ich war zu jung, um ins Kloster einzutreten. Ich musste warten, bis ich 16 Jahre alt war. Nach dem einen Jahr in Paris war ich immer noch zu jung, um einzutreten. So wurde mir vom Kloster aus diese andere Nonnengemeinschaft in England empfohlen, damit ich noch ein Jahr Englisch lernen konnte, aber im monastischen Kontext blieb.

Wir waren vier Schweizer Mädchen; wir waren wie eingeschlossen, da das Gut abseits, fern von jeglicher Zivilisation lag. Wir arbeiteten wie die Tiere und wurden ziemlich ausgenutzt. Ich konnte kein Englisch und wurde sehr bald neben dem Putzen beauftragt, die kranken Leute zu betreuen. Ich hatte keine Ahnung, wie man das macht. Ich sah das erste Mal einen nackten Mann und bekam richtig einen Schock. Ich war drei Frauen zugeteilt, die nicht mehr bei Sinnen waren. Und das mit fünfzehn Jahren, ohne Anleitung.

Ich versuchte zu beten. Es war eine Zeit des Ringens. Ich hatte wirklich das Gefühl, Gott habe mich verlassen. Ich betete und betete und versuchte, irgendwie in eine Verbindung zu kommen. Das war sehr, sehr schwer. Dabei habe ich auch kein Englisch gelernt.

Nach einem halben Jahr habe ich die Koffer gepackt und den Nonnen gesagt, ich ginge in die Ferien. Ich wusste, ich würde nicht zurückkehren.

Zuerst suchte ich eine englische Familie auf, die meine Eltern kannten. Dort konnte ich vorübergehend bleiben. Sie haben mir eine neue Stelle gesucht, das war dann Putzen in einer Boarding School. Dort lernte ich aber Englisch.

Hast du denn nicht nach Hause geschrieben? Ich bin überrascht, wie viele dieser ganzen Schritte du alleine bewältigt hast, ohne deine Eltern.

Ich wollte das meinen Eltern nicht sagen. Ich dachte, ich muss das selber durchstehen. Meine Mutter hat aber schon was gemerkt. Sie war sehr besorgt und ist dann gekommen, um mich zu dieser englischen Familie zu bringen.

Dort ist dann etwas sehr Entscheidendes geschehen. Diese Familie hatte drei Kinder – einen Sohn und zwei Mädchen. Und der Sohn hat mir gefallen. Nur mit den Augen, versteht sich. Das war's.

In jenem Jahr an Pfingsten übte ich Harmonium in einer kleinen Kapelle, die es dort gab. Und plötzlich kam mir der Gedanke, dass ich keine Berufung haben könnte, wenn ich einen solchen Blick auf diesen jungen Mann warf. Denn in mir schlossen sich ja damals spiritueller Weg und weltliches Leben gegenseitig aus.

Ich habe dann meinen Eltern geschrieben, dass ich nicht ins Kloster gehen würde, sondern nach Hause kommen und das

Geschäft übernehmen würde. Ich wüsste nichts anderes, bräuchte auch noch ein bisschen Schule und würde gerne eine Handelsschule besuchen. Meine Eltern haben zugestimmt. An der Boarding School, wo ich danach arbeitete, hatte ich am Nachmittag zwei Stunden Schulunterricht und den Rest der Zeit putzte ich. Ich war zufrieden, dass ich Englisch lernte, aber es war eine ungeheure Herausforderung für mich.

Ich putzte den gleichaltrigen Mädchen die Schlafsäle und Toiletten. Ich wischte ihre Treppen. Sie liefen vorbei. Mein Vater hatte eigentlich genug Geld, mich auch in so eine Schule zu schicken, aber vielleicht dachte er, dass eine harte Schulung den Menschen formt. Ich musste wirklich schlucken, dass ich diese Arbeit zu machen hatte. Das war eine harte Lehre, eine Art Lebensschulung.

Am Ende des Jahres ging ich zurück zu meinen Eltern und machte die Handelsschule.

Zwar merkte ich auch auf dieser Schule, dass ich eine Außenseiterin war, aber ich hatte dann schnell eine Freundin, die mich sozusagen in die Welt einführte. Gleichzeitig nahm ich wieder Kontakt zu meiner früheren Klavierlehrerin auf. Ich hatte, seit ich sieben Jahre alt war, Klavierstunden. In diesen zwei Jahren, die ich unterwegs gewesen war, war mit dieser Klavierlehrerin etwas geschehen. Sie war »gläubig« geworden. Guten Glaubens nahm ich die Klavierstunden wieder auf, die sich dann langsam als Bibelstunden entpuppten. Sie zeigte mir systematisch auf, dass die katholische Kirche eigentlich nicht der Bibel entsprechend die Dinge lehrt und lebt. Und an vielen Stellen musste ich sagen, dass sie Recht hatte. Wir hatten also regelmäßig Bibelunterricht anstelle der Klavierstunden. Ich lernte die Bibel wirklich in- und auswendig kennen und löste mich vom Katholizismus.

In dieser Zeit entdeckte ich auch, dass ich in meinem Leben noch viel mehr Möglichkeiten hätte, als die Geschäfte meiner Eltern zu übernehmen. Das war für meine Eltern eine ganz, ganz große Enttäuschung, und es kam zu einer tiefen Entfremdung zwischen uns. Sie haben mir gesagt, sie würden diese Schule noch zahlen und dann müsste ich selber für mich sorgen. Sie erlaubten mir auch nicht, von zu Hause wegzugehen, bevor ich zwanzig war. Rechtlich gesehen war man erst dann volljährig. Ich musste also zu Hause wohnen und das war eine schwierige Zeit für mich, weil ich immer in Spannung lebte.

Ich habe dann die Handelsschule mit dem besten Abschluss verlassen, aber was die Arbeit betraf, hatte ich Null Selbstvertrauen. Ich wurde Sekretärin in einer Bank. Innerlich war ich immer noch sehr mit meiner Suche beschäftigt, also was Gott ist, was der Mensch ist, was die Beziehung von Mensch zu Gott ist.

Neben meiner Arbeit in der Bank begann ich, das Abitur an der Abendschule nachzumachen. Es war die Zeit der ersten Wohngemeinschaften, der Achtundsechziger-Bewegung; ich fand diese Menschen faszinierend, weil sie intelligent, offen und schnell waren. Ich erlebte mich selbst allerdings ganz anders, wie das sicher viele Menschen von diesem Alter her kennen. Oft hatte ich das Gefühl, ich kann nicht mehr, ich schaffe das nicht. Ich war so tief verzweifelt, dass ich nicht mehr wusste, wie ich weiterleben sollte. Da hat mir dann mein Vater einmal sehr geholfen. Ich habe ihm das erzählt, und er zeigte Verständnis dafür.

Also, so viel Vertrauen war da, dass du ihm das erzählt hast?

Ich besaß immer eine innere Verbindung zu meinen Eltern. Ich hatte eine große Liebe für meine Mutter, spürte auch ihre Liebe. Zu meinem Vater, würde ich sagen, war sie ganz leise. Da war eine innere Ebene, auf der wir uns verstanden. Äußerlich gab es aber den Bruch. Mein Vater hatte allerdings die Größe, meinen freien Willen zu respektieren. Er respektierte auch meine Entscheidung, dass ich nicht in seine Fußstapfen trat. Rückblickend bin ich natürlich äußerst dankbar für das, was meine Eltern mir ermöglicht haben. In der Situation damals habe ich das nicht immer so erlebt. Heute empfinde ich Respekt für meine Eltern, bin dankbar für das Leben, das sie mir geschenkt haben. Ich habe auch sehr viel von ihnen gelernt.

Du hast vorhin ein tiefes Gefühl angesprochen, das vermutlich viele auf diesem Weg kennen. Dieses Gefühl von Nichtzugehörigkeit und Außenseiterdasein, als sei man von einer anderen Welt. Wenn du jetzt zurückschaust, ist das eigentlich ein Zustand, der schon eine Station unseres mystischen Pfades ist.

Man wird so geboren. Man wird als Mystikerin oder Mystiker geboren. Es ist nicht so, dass man es gewollt oder gesucht hätte. Es ist einfach geschehen. Ich verstehe das wirklich als einen Samen, der in dieses Leben hineingegeben wurde. Und der entfaltet sich dann auf seine Weise.

Nur in der Phase des Leidens weiß man das noch nicht. Wir leben ja in einer Kultur, in der wir für die innere, mystische Suche keinen Leitfaden mehr haben.

Dieses Gefühl einer gewissen Unfähigkeit, mit dem Leben zurecht-

zukommen – das hat doch etwas mit dieser inneren »Anlage« zu tun, oder?

Ja, das stimmt. Aber wenn man drin steckt, dann sieht man das nicht, man weiß es ja nicht.

Bei mir hatte es auch mit der Zeit, dem Zeitgeist zu tun. Es waren die Jahre der Achtundsechziger-Bewegung. Zum Beispiel war Sexualität für mich lange Zeit einfach undenkbar. Ich war zu schüchtern. Einerseits von meiner Natur her, andererseits durch die Konditionierung, die ich im Kloster von den Nonnen und später von meiner Klavierlehrerin mit diesen ganzen biblischen Angelegenheiten erfahren hatte.

Und nun erlebte ich tagtäglich, wie das jetzt hier gelebt wurde. Ich war auch neugierig, wollte wissen und die neuen Gedanken verstehen. Ich verschloss mich gegenüber den ganzen neuen Ideen überhaupt nicht. Ich denke, das ist ein weiterer Samen, der mir mitgegeben wurde: Ich wollte immer wissen, wie dieses Leben ist und was es ist. Ich wollte immer wissen, was Wirklichkeit ist. Das war ein tiefer Drang, der heute noch in mir ist, der ist einfach mitgegeben. Deshalb musste ich mich auch damals mit diesen Lebensformen und diesen Theorien auseinander setzen.

Ich selbst allerdings fühlte mich ziemlich unfähig. Wie gesagt, ich hatte bestens abgeschlossen und wurde dann die Sekretärin von vier Personaltrainern einer Bank. Das war eine Katastrophe. Ich wusste nicht einmal, dass es Tipp-Ex gibt. Ich habe jeden Brief fünfmal abgetippt und hatte absolut kein Vertrauen in meine Fähigkeiten. Ähnlich erging es mir bei dem Abitur, das ich machen wollte. Es war die Hölle.

Neben diesen tiefen Gefühlen der Unfähigkeit spürte ich die enorme Spannung in mir zwischen meiner intensiven religiösen

Suche und der politischen Bewegung, den interessanten neuen Ideen. Ich sah keinen Weg, das zu verbinden. Aber es gab von innen Hilfestellung, das muss ich sagen.

Ich löste mich in dieser Zeit langsam von meiner Klavierlehrerin, weil sie mir zu dogmatisch wurde.

> Sag ihnen, dass sie nicht eine einzelne Schriftstelle verabsolutieren, sondern weitere in Betracht ziehen sollen, und dass sie nur nicht meinen, sie könnten Mir die Hände binden. *
> *Teresa von Avila*

Also das Katholische war es nicht mehr, die Bibel begann zu bröckeln, und ich wollte es wissen, ich wollte zu den Wurzeln. Und so kam es, dass ich nach Israel ging, zum auserwählten Volk.

Nach dem Abitur dann?
Nein, das war noch während meiner Zeit auf der Abendschule. Ich glaube ungefähr in der Mitte des letzten Schuljahres. Ich war gerade 20, da ging ich nach Israel. Mit dieser Freundin zusammen, die mich »ins Leben« führte. Ich wollte in das Heilige Land, ich wollte mir dieses Volk anschauen. Ich landete in Ramat Shalom, ein Jahr nach dem Krieg zwischen Israel und Ägypten. Ramat Shalom war eine kleine Gemeinschaft von 12 Menschen. Ganz international. Sie versuchten, auf den Golan-Höhen ein

---

* zit. aus Terese von Avila, *Ich bin ein Weib – und obendrein kein gutes*, Freiburg: Herder Verlag, 1982, S. 109

Dorf zu bauen, das dem Berg, der Kultur und dem Wesen dieser Region entsprach. Ich lernte zu schießen, Maschinengewehr und Uzi. Heute bin ich beschämt, wie unbedarft ich war, wie leicht ich zum Gewehr gegriffen habe. Ich kann nur von Glück sagen, dass ich in keine Situation gekommen bin, in der ich kämpfen musste. Ich lernte, Wache zu halten – jede Nacht hielt ich Wache – zwei, drei Stunden. Ich blieb dort zunächst einmal 14 Tage. Und traf meine erste Liebe. Einen Mann – er hieß auch George, wie mein jetziger Mann –, der ursprünglich aus Ungarn kam, im Warschauer Getto gewesen war, in Auschwitz, der überlebt hatte, nach Amerika ging, sich dort ausbilden ließ, dann mit 30 Jahren nach Israel kam und dort leben wollte. Ja, und ich hab mich verliebt in diesen Mann und wollte ihn heiraten. Und damit wurde ich mit dem Judentum konfrontiert. Also begann ich, mich mit der jüdischen Religion und dem Antisemitismus auseinander zu setzen, weil er sich wünschte, dass ich jüdisch würde.

Wir erlebten eine Zeit auf diesen Golan-Höhen, die im Kleinen ungefähr so war, wie das in *Exodus* beschrieben ist. Unglaublich intensiv. Eine Gratwanderung zwischen Leben und Tod. In der Mitte die Liebe. Später, bei einem zweiten Besuch, brach bei einem Raketenangriff in Kiriaj Mona etwas zwischen uns entzwei. Ich verstand, dass wir in der Tiefe aus zwei zu verschiedenen Welten kamen. Ich verstand, dass kein wirklich gemeinsames Leben möglich war.

Es dauerte lange, bis ich mich gelöst hatte von ihm. Eines Tages beschloss ich, dass ich ihn nochmals sehen müsste. Ich habe dann zu suchen begonnen, und zwar auf eine seltsame Weise. Ich habe einfach jeden jüdisch aussehenden Mann oder jede Frau gefragt, ob sie etwas von George gehört hätten.

Die du in der Schweiz getroffen hast?
Überall auf der Welt. Ganz systematisch gefragt, ob sie diesen George kennen. Und eines Tages kannte ihn jemand. Ich weiß noch, ich saß im Zug von Zürich nach Bern, und da hat mir jemand gesagt, ja, da und da würde er leben. Dann habe ich Kontakt aufgenommen. Er war inzwischen verheiratet und hatte auch zwei Kinder. Ich habe ihn getroffen. Nach achtzehn Jahren. Es war wunderschön. Ich hab seine Frau kennen gelernt und wusste dann, dass da ein Kelch an mir vorübergegangen war.

Ich war zutiefst dankbar für die Erfahrung, aber auch unendlich froh, dass ich diesen Mann nicht geheiratet hatte.

Was hast du denn nach deinem Abitur gemacht?
Ich begann, mich mit der Wissenschaft auseinander zu setzen. Ich studierte Volkswirtschaft, reiste vorher noch in Südamerika herum, kam nach Lateinamerika, Mittelamerika, Amerika, ganz allein. Ich bin sechs Monate allein unterwegs gewesen. Dort wurde ich ein weiteres Mal mit der Welt konfrontiert: In Guatemala mit den Indios, mit den Guerillakämpfen, und ich war dermaßen schockiert, was da in der Welt geschieht, dass ich mir sagte, ich muss das verstehen, ich muss einfach diese Zusammenhänge begreifen. Ich verstand nicht, warum sich Leute auf diese Weise gegenseitig umbringen. So begann ich an der Hochschule St. Gallen Volkswirtschaft zu studieren. Ich beschäftigte mich mit all diesen theoretischen Gesellschafts- und Wirtschaftsmodellen und sah recht bald, dass sie mir keine Antworten auf meine Fragestellungen geben konnten. Ich blieb unbefriedigt. Ich ging dann für einige Zeit nach Berlin, um politische Ökonomie zu studieren, weil ich mir erhoffte, ich bekäme da Antworten auf meine Fragen.

Und zum Teil bekam ich von Marx, Feuerbach, Hegel usw. Antworten, die mir Sinn machten. In Berlin kam ich auch mit der Frauenbewegung in Berührung. Ich kehrte dann zurück an die Hochschule St. Gallen und initiierte die Frauenbewegung in St. Gallen. Es war außerordentlich kreativ. Wir waren damals nur drei Prozent Frauen an der Universität, aber wir brachten die Bewegung in die ganze Stadt. Wir haben Info-Stände aufgebaut, Theater, Frauenberatung, Öffentlichkeitsarbeit gemacht. Auch wenn es nach außen vielleicht damals nicht sichtbar war, wirkte in mir diese Frage stets im Hintergrund, was ist Wirklichkeit, was ist Wahrheit? Das war immer der Leitfaden.

Wo hattest du den Mut her, das alles auszuprobieren, und das vor deinem Hintergrund? Die Reisen und all das, was du jetzt erzählt hast, da hat auch viel Mut dazu gehört.

Ja, Mut hatte ich. Das war eigentlich nie ein Problem für mich. Ich hatte keine Angst vor der Welt und vor Reisen, vor anderen Völkern. Ich liebte die einfachen Völker, alles, was weit weg war und was in Richtung von Ursprünglichkeit ging. Das hat mich zutiefst angezogen, mich ungemein interessiert. Wie sie lebten, wie sie dachten, ihre Kultur, ihre Empfindungen. Dieses Interesse war in mir vorhanden.

Mehr Schwierigkeiten hatte ich mit meinem Erleben. Ich war ein Gefühlsmensch, ich entschied von innen her. Durch das Studium lernte ich nun das erste Mal, mich in dieser Welt auszudrücken. Die Schulung des Intellekts half mir, in dieser Welt zurechtzukommen. Ich konnte plötzlich argumentieren, ich konnte strukturieren, ich konnte ordnen und einteilen. Dabei hat mir das Studium sehr geholfen. Das war eine große Wandlung für mich.

Ich muss hier noch etwas nachtragen. Es war 1972 in Berlin. Ich hatte mich in dieser Zeit auch intensiv mit Mehrfachbeziehungen, gleichgeschlechtlichen Beziehungen und anderen Lebensformen beschäftigt. Ich hatte selbst einiges davon ausprobiert, mir anderes genau angesehen und dann verstanden, dass es so für mich nicht lebbar ist. Und dann gab es einen bestimmten Moment: Ich stand in einer Bar, nachts um zwölf. Bis dahin hatte für mich die Gottesfügung immer klar existiert. Trotz historischem Materialismus, der das ja alles verneint hat. Dann kam plötzlich eine innere Stimme, die sagte, jetzt ist der Faden hauchdünn. Das war ein Wendepunkt für mich. Der Wendepunkt im Versuch, in der Wissenschaft, in der Erkenntnistheorie die Wahrheit zu finden. Denn das war mein Bemühen, als ich Hegel, Feuerbach, Marx und so weiter studiert habe. Es kam Habermas dazu, später Wittgenstein. Was ist Wirklichkeit? Während des Studiums und der Promotion habe ich mich mit diesen Fragen auseinander gesetzt. Und musste dann sehen, dass Marx auch begrenzt ist. Es gab einen Punkt, da war ich nicht mehr zufrieden mit seinen Erklärungen der Wirklichkeit. Der Umgang mit Ressourcen und die technologische Entwicklung waren nicht direkt abzuleiten aus den Marx'schen Theorien, waren aber drängende Fragen der damaligen Zeit. Dasselbe betraf die Frauenfrage, die Rolle der Frau, Stellung der Frau, die Frage der »Reproduktion«. Ich sah, dass er diesen Teil der Wirklichkeit mit dem Ansatz des historischen Materialismus nicht zu erfassen vermochte. Das ging Hand in Hand mit meinem ersten »spirituellen« Buch. Zu jener Zeit promovierte ich. Ich hatte inzwischen bestens meinen Abschluss gemacht, war Assistentin geworden und hatte ein Nationalfond-Stipendium für die Doktorarbeit erhalten.

Das Thema meiner Dissertation hieß »Weiblich einstimmen«. Meine Idee war, ein Modell zu erarbeiten für alternative Lebensformen im Unterschied zur Kleinfamilie. Das hat mich interessiert. Gleichzeitig kam mir dieses Buch in die Hand – es war das erste von Ouspensky. Es öffnete mir eine andere Dimension der Welt, eine, die mit meiner Suche in Verbindung stand.

Es war die Zeit des Experimentierens, die ganze Psychowelle begann. Gestalt, Urschrei, was weiß ich, was es alles gab. Ich habe das immer beobachtet. Ich habe mich nicht einlassen können. Ich war skeptisch. Ich habe die Leute beobachtet und gesehen, dass sie sich, auch wenn sie all diese Therapien machten, doch gar nicht so wesentlich veränderten. Bis mir eines Tages eine Frau in der Mensa auffiel. In der Mensa konnte man in der Warteschlange vor der Essensausgabe sehr gut beobachten, ob sich jemand verändert hat oder nicht. Diese Frau fiel mir auf, weil sie plötzlich einfach warten konnte. Dann habe ich sie weiter beobachtet. Und ich habe beobachtet, dass sie sich fundamental anders verhielt als noch vor einem Jahr.

Irgendetwas war mit dieser Frau geschehen. Ich habe sie angesprochen, und sie hat gesagt: »Ja, ich bin Buddhistin geworden. Ich gehe ins tibetische Kloster in Rikon, dort ist mein Lehrer.« Sie erzählte mir noch, dass es dort am Sonntagabend immer öffentliche Vorträge von Geshe Rabten gebe. Ich dachte, da gehe ich hin. Die Frau hat sich verändert. Das interessiert mich. Dann besuchte ich regelmäßig diese Vorträge. In den Vorträgen sah ich, dass die Tibeter eine Wissenschaft über das Menschsein besitzen. Da wurde über Eifersucht, Neid, Stolz und so weiter gesprochen – über all diese Eigenschaften, die ich von mir kannte – und wie diese Geistesgifte in Weisheit zu wandeln sind.

Ich war fasziniert, konnte aber mit dem Äußeren, zum Beispiel mit den Ritualen, nicht viel anfangen. Ich nahm einfach nur diese Vorträge wahr und die Präsenz von Geshe Rabten – die war enorm. Er war wie ein Berg. Er saß da, still, gelassen, heiter. Und das hat mich beeindruckt.

Parallel dazu versuchte ich für meine Dissertation zehn Vorzeigefrauen der Frauenbewegung aus der gesamten Schweiz ausfindig zu machen, die für sich eine alternative Lebensweise gefunden hatten. Ich machte Interviews mit ihnen und musste bald merken, dass das, was ich als emanzipatorisch definiert hatte, bei ihnen allen nicht eingetroffen war. Es war für mich eine erschreckende Erkenntnis, eine tiefe Enttäuschung. Ich formulierte dann das Thema meiner Dissertation um, und meine Fragestellung lautete nun: »Was hält den Menschen davon ab, äußerlich und innerlich sein Leben frei zu gestalten?« Für das Äußere hatte ich all die Gesellschaftsmodelle und -konzepte von früher, aber innerlich begab ich mich auf neues Territorium. Ich nahm Aspekte der Psychologie mit auf. Das reichte mir aber noch nicht. Ich machte mit der Karma-Lehre Bekanntschaft und begann, sie für mich zu erforschen. Ich schrieb die Dissertation zu Ende und fand eigentlich viele Antworten auf meine Fragen. Ich wusste auch, dass die Dissertation so nicht angenommen werden würde. Aber für mich war die Wahrheitsfindung wichtig. Ich gab die Arbeit ab, und die Professoren sagten: »Ja, Frau Kaiser, ändern Sie doch das und dies und nehmen Sie jenes heraus.« Und ich hab gesagt: »Nein, das kann ich nicht. Was hier steht, ist nach bestem Wissen und Gewissen erforscht.«

Obwohl ich zu diesem Zeitpunkt schon alle Vorprüfungen gemacht hatte, ließ ich es sein und sagte mir, eines Tages werde ich an einen Punkt gelangen, der so etwas wie meinen eigenen Doktortitel darstellen wird. Vor ein paar Jahren habe ich dann geträumt, dass ich den Doktortitel erhalten hätte.

Ein Kreis hatte sich geschlossen.

War das, was du herausnehmen solltest, das, was wir heute das »spirituelle Material« nennen würden? Das war sicher vom Standort deiner Doktorväter aus nicht wissenschaftlich.

So ist es.

Wie ist es weitergegangen?

Ich habe geheiratet und ging für ein Jahr von St. Gallen nach Zürich. Dann wurde ich schwanger, und du weißt, eine Schwangerschaft öffnet neue Räume. Ich sah zum Beispiel das erste Mal einen Engel. Es war ein eindrückliches Erlebnis, als sich da plötzlich ein Wesen von dieser anderen Art zeigte.

Zum Zeitpunkt der Geburt zogen wir nach Bern. Ich habe meine Dissertation noch fertig geschrieben und begann zu lesen. Ich suchte. Zuerst waren es Bücher, da war mir noch nichts anderes zugänglich. Aber sehr bald, kurz nach der Geburt meines Kindes, traf ich in einem Zug von Zürich nach Bern eine Zigeunerin. Sie war so berührt von diesem Kind auf meinem Schoß, dass sie mich auf jemanden in Bern hinwies. Ich hatte ihr erzählt, dass ich spirituelle Interessen habe, aber mit einem Kind könne ich nun nicht mehr nach Rikon gehen. Da sagte sie, sie kenne eine Frau in Bern, die Yoga unterrichten würde. So ging ich ein paar Mal zum Siddha-Yoga und begann den Siddha-Yoga-Korrespondenz-Kurs von Swami Muktananda, basierend auf dem Patanjali Yoga. Sieben Jahre lang habe ich diesen Kurs gemacht.

Zweimal im Monat bekam ich neues Material, d. h. zwei Lektionen pro Monat. Das hat mir ein anderes Verständnis für die Welt eröffnet. Es war für mich sehr hilfreich, von diesem historisch-materialistischen Weltkonzept in ein spirituelles Weltbild hineinzuwachsen.

Jeder Schritt, jeder dieser Lebensabschnitte, von denen ich hier erzähle, birgt einen Segen. Zum Beispiel, was ich mir bei Marx und in den philosophischen Schriften von Feuerbach, Engels und so weiter erkenntnistheoretisch aneignete, erlaubte mir, durchaus auch die Gefahr der Religion zu sehen. Wie dogmatisch, fundamentalistisch sie sein kann, wirklich »Opium für das Volk«. Dies half mir, auf der intellektuellen oder erkenntnistheoretischen Ebene die Dinge zu überprüfen, nicht einfach alles anzunehmen oder blind zu glauben, sondern zunächst einmal zu prüfen und dann in meinem Innern nochmals abzuwägen, was ich für mich als wahr oder relativ wahr ansehen konnte – ja, wie ich selbst darüber dachte und empfand. Das hat mir sehr geholfen.

Bevor 1981 mein zweites Kind zur Welt kam, wollte ich mir noch drei Wünsche erfüllen: Swami Muktananda kennenlernen, ans Esalen-Institut gehen und Evelyn Eaton treffen. Ich hatte von ihr das Buch *I Send a Voice* über ihren indianischen Weg in die Hände bekommen. Das Buch habe ich gelesen, und es hat mich sehr berührt. Ich hatte ihr damals sofort geschrieben und ihr einfach gedankt für dieses wunderbare Buch.

Als ich dann meine Reise plante, sah ich, dass sie von meiner Route gar nicht weit entfernt lebte, und ich schrieb ihr einen Brief, ob ich zu ihr kommen könne. Ich war hochschwanger im 8. Monat mit meiner Tochter …

Gingen dein Mann und dein Sohn mit?
Nein, ich ging alleine.

Und dein Mann blieb bei deinem Sohn?
Ja, er hat mir wirklich viel ermöglicht, was nicht immer einfach für ihn war.

Ich landete in Bishop und wurde abgeholt von Edith, einer Helferin von Evelyn Eaton, die damals schon 80-jährig und krank war. Ich wurde zu ihr gebracht und sie begrüßte mich und das war alles.

Ich schlief dort, und ich hatte jede Nacht Träume in denen Indianer eine zentrale Rolle spielten. Ich träumte sozusagen die Geschichte dieses Pajute-Stammes. Es war unglaublich intensiv, aber ich wusste letztlich nicht, warum ich da war. Ich war schon eine Woche dort, und ich wusste es einfach nicht. Edith hat mich dann zu einigen Plätzen geführt, wir haben die Pfeifenzeremonie gemacht, sie hat mich das Medizinrad gelehrt und noch immer wusste ich nicht, warum ich da war. Im Buch beschrieb Evelyn Eaton, wie sie sieben Jahre brauchte, bis sie die Pfeife erhielt. Und plötzlich wusste ich, ich musste Evelyn Eaton um die Pfeife bitten. Ich wurde sofort zu ihr geführt, und ich habe sie gefragt, ob ich die Pfeife bekommen dürfte. Evelyn Eaton antwortete, dass ich alle Bedingungen erfüllen würde, und sagte ja.

Und dann ging alles sehr schnell, weil ich nur noch zwei Tage Zeit hatte. Ich sollte in eine Schwitzhütte gehen ...

Im hochschwangeren Zustand! Hattest du keine Angst?
Nein. Als ich drin war, da hatte ich dann Angst. Das war mir dann doch irgendwo unheimlich, aber das hatte verschiedene

Gründe. Vorher hatte ich keine Angst, ich war ja unbelastet. Ich musste verschiedene Sachen vorbereiten. Ich musste für die Gemeinschaft ein Essen herrichten, ich musste Säckchen nähen und, und, und. Dann ging ich in die Schwitzhütte. Der Lehrer von Evelyn Eaton, ein indianischer Häuptling, Raymon, von dem ich später erfuhr, dass er ein bekannter, großer Schamane war, arbeitete dort als Hauswart und hat die Zeremonie geleitet.

Er hat sie sehr sanft durchgeführt, weil ich ja hochschwanger war. Es war einfach tief beeindruckend. Es wurde gebetet, gesungen und nochmals aus tiefstem Herzen gebetet in dieser fürchterlichen Hitze und vollkommenen Dunkelheit. In dieser Schwärze. Und so schmolz alles dahin, letztlich auch die Angst.

Dann, am Samstag, war die Pfeifenzeremonie. Evelyn Eaton übergab mir die Pfeife, erklärte mir genau, wie ich alles zu machen habe, und sagte mir, das sei eine *working pipe*, ich müsse mit ihr arbeiten. Ja, und all diese Erfahrungen habe ich dann nach Hause mitgenommen und das Pfeifenritual lange Zeit für mich alleine gemacht. Dabei setzt man sich in der Natur auf die Erde, bereitet alles vor, beginnt die Pfeife mit Tabak zu stopfen, während alle Himmelsrichtungen, Wakan Takan – der Große Geist – und Mutter Erde angerufen werden. Betend entzündet man die Pfeife und jeder Zug wird durch das Gebet innerlich ausgerichtet. Eine Pfeife kann für verschiedene Zwecke geraucht werden, zum Beispiel als Beitrag zum Weltfrieden, für einen Menschen, der ein Problem hat oder krank ist, oder wenn eigene Fragen im Raum stehen.

Hast du damals schon gewusst, was eine working pipe ist, was das bedeutet?

Nein, damals noch nicht, ich habe einfach die Pfeife geraucht, so wie ich angeleitet worden war und dabei viel gelernt über die Natur. Ich habe gelernt, die Zeichen zu lesen, wie eine Sprache zu lesen. Ich mache heute noch die Pfeifenzeremonie und lehre sie meine Tochter, damit die Tradition weitergeführt wird. Die Pfeife ist eine wunderbare Symbolik. Du hast das Mineralienreich, du hast das Pflanzenreich – der Tabak ist eigentlich das, was dein Ego ist, das wird verbrannt durch die Zeremonie, und du übergibst dich völlig. Es ist wie Meditation. Du wirst leer. Am Schluss ist – wie in der Pfeife – nichts mehr. Dabei betet man in die verschiedenen Himmelsrichtungen und hat Respekt zu wahren für die ganze Schöpfung, für Mutter Erde und betet zum Wohle aller Wesen.

Ich habe das einfach zu Hause so gemacht und nach zwei Jahren – ich konnte ja nicht zurückgehen, weil ich die Kinder hatte – hatte ich einen Traum, in dem Evelyn Eaton starb. Sie war übrigens Schriftstellerin, ihr Leben war hochinteressant; zum Beispiel war sie während des Zweiten Weltkrieges eine der ersten Korrespondentinnen, die nach Europa zur Berichterstattung kamen. Sie hatte an verschiedenen Universitäten gelehrt, sich dann zwischen fünfzig und sechzig ganz zurückgezogen und einsam, ohne Wasser und Strom, in einer Steinhütte gelebt. Später organisierte sie mit bekannten Künstlern klassische Konzerte mitten in der Wüste – sie war eine Pionierfrau wie Frau Tweedie, vielleicht nicht ganz auf derselben Ebene, aber auf jeden Fall auch eine Pionierfrau. Ich hab dann geträumt, wie sie – ihre Seele – als weiße Feder in den Himmel stieg. Da wusste ich, dass sie gestor-

ben war. Ich habe auch Frau Tweedie von ihr erzählt. Frau Tweedie hat mich auch einmal angesprochen: Da ist ein Indianer hinter dir. Frau Tweedie hat mir ein paarmal erzählt, dass sie sich an
die Welten der Schamanen in sich erinnern könne.

Evelyn Eaton war meine zweite Station in Amerika gewesen,
die erste war Esalen. Dort habe ich T'ai Ji kennen gelernt. Ich
hatte mich eigentlich für einen schamanistischen Kurs angemel-
det, aber nach meinem 24-Stunden-Flug brauchte ich Bewegung.
Zufällig fand ein T'ai Ji Seminar mit Chungliang Al Huang statt.
Ich kam rein und wusste, das ist es. Auf einer bestimmten Ebene
hat mich schon immer die Bewegung interessiert. Ich habe immer
viel Sport getrieben, Yoga gemacht bei Herrn Yesudian. Aber im
T'ai Ji empfand ich die Bewegung dynamischer, und – anders als
im Tanz zum Beispiel – hatte es eine tiefe philosophische Dimension. Im Yoga muss man viel liegen und braucht eine Matte, T'ai
Ji aber konnte ich überall auf der Welt einfach machen. Da ich in
der Entwicklungszusammenarbeit auch immer viel herumreiste,
war das für mich das Ideale.

Die dritte Station war Swami Muktananda. Ich kam zu ihm
und wusste, dass er nicht mein Lehrer ist. So kehrte ich ohne
Lehrer wieder nach Hause zurück.

In dieser Zeit kam ich dann in Berührung mit jemandem, der
sehr verbunden war mit dem tibetischen Buddhismus, insbeson-
dere mit der buddhistischen Schule der Kagyü-Tradition. Ich
habe mit der Praxis des Ngöndro begonnen, das sind die grundlegenden Übungen, bei denen man unter anderem Nieder-
werfungen macht und die Dorje-Sempa-Meditation praktiziert.
Ich habe auch noch andere, zusätzliche Einweihungen erhalten,
zum Beispiel die Powha-Einweihung. Das ist eine Übung, die

den Menschen auf das Sterben vorbereitet. Das ist eine sehr machtvolle Praxis. Ich habe damit tiefe Erfahrungen gemacht. Ayang Rinpoche hat mir damals diese Einweihung gegeben. Ich praktizierte das alles sehr gewissenhaft, stand immer früh auf, jeden Morgen, bevor die Kinder aufwachten. Das gab mir Kraft für den ganzen Tag. Am Nachmittag hatte ich eine Stunde »Mama-Stunde«, da mussten die Kinder mich in Ruhe lassen. Da habe ich nochmals praktiziert. Und bei Vollmond und Neumond gab es nochmals spezielle Meditationen. Das hat mir sehr geholfen, meinen Geist zu reinigen, mich zu sammeln. Man arbeitet in dieser Tradition auch mit Visualisierungen. Ich lernte die Welt als Manifestation des Buddha-Landes zu visualisieren und nahm Menschen mehr als Buddha-Aspekte wahr. Das gab mir die Möglichkeit, in dieser Welt *wirklich* zurechtzukommen, nicht nur intellektuell, sondern auch innerlich. Die äußere Welt relativieren zu können, verankert zu sein in einer inneren. Aber ich hatte keinen Lehrer. Ein möglicher Lehrer wäre für mich der Karmapa gewesen, aber er lebte nicht mehr.

Ich hatte irgendwo in mir ein tiefes Bild, was und wie ein Lehrer sein müsse. Das war das eine. Das andere war, dass der tibetische Buddhismus damals ein monastischer Weg war. Ich litt unglaublich darunter, weil ich für mich mit Familie keine Möglichkeit sah, Erleuchtung zu erfahren oder »nach Hause« zu kommen, da ich einfach nicht die Zeit für die Praxis hatte, die notwendig gewesen wäre. Um ein Lama zu werden, hätte ich mich drei Jahre, drei Monate und drei Tage in eine Höhle zurückziehen müssen. Ich hatte diese Möglichkeit nicht. Meine Sehnsucht aber, »nach Hause« zu kommen, war unglaublich.

Das war die Situation, in der ich auf das Buch von Frau Tweedie stieß. Sie ist das torlose Tor geworden für mich; eine Möglichkeit, nach Hause zu kommen *und* Familie zu haben. Mitten im Leben stehend. Es war eine unglaubliche Erlösung für mich, diesen Pfad zu finden. Zudem konnte ich zu ihr gehen. Sie war nicht wie der Dalai Lama – da hätte man auch hingehen können –, aber mit zwei kleinen Kindern? Ich konnte nicht nach Dharamsala. Frau Tweedie war auch nicht umgeben von einem Stab von Mönchen, wo man gar nicht dazu kam, sich menschlich anzunähern.

Als Präsidentin der Transpersonal Association Switzerland habe ich viele Lehrerinnen und Lehrer auch außerhalb ihrer Vorträge kennen gelernt. Ich muss sagen, dass nur ganz wenige zu diesem inneren Bild eines Lehrers eine Resonanz auslösten. Frau Tweedie tat das. Sie hielt all meinem genauen Hinschauen stand. Später erzählte sie uns oft, dass man einen Lehrer genau prüfen müsse und dabei den höchsten Maßstab anlegen solle. Ohne davon zu wissen, habe ich das getan.

Nach der emanzipatorischen Bewegung, in der man sich losgesagt hatte von allen Autoritäten, war mir klar geworden, wie hilfreich ein Mensch sein kann, der weiter ist als man selbst. Ich wusste nicht, wer Frau Tweedie war. Sie hat mich nur verwirrt. Ich konnte sie überhaupt nicht einordnen. Ich habe sie nur beobachtet. Ich war nur fasziniert und angezogen. Das war, wie wenn ich einem Faden folgte, den sie um sich herum zog, oder auch nicht zog. Ich weiß es nicht. Ich habe weiterhin meine tibetische Praxis gemacht. Ich glaube, dass ich sie zwei, drei Jahre lang nur beobachtet habe.

Die Arena

❧

Diese lange Suche hat dann äußerlich ein Ende gefunden, und du bist öfter nach London zu Frau Tweedie gefahren.

Ja – und zweimal im Jahr durfte ich sie in die Schweiz einladen. Das war immer eine intensive Begegnung, eine intensive Zeit. In den Vorträgen habe ich nichts verstanden. Nichts verstanden heißt, ich war weg. Ich wusste nachher nicht, was war. Von Sufismus hatte ich keine Ahnung. Das hat mich auch in dem Sinne nicht interessiert. Das war nicht die Frage.

In dieser Zeit habe ich wahrgenommen, dass ich mich mit dem tibetischen Buddhismus innerlich stabilisieren konnte. Etwas wurde ruhig. Mit dieser Frau Tweedie aber wurde mir allmählich klar, dass ich meinen dunklen Seiten begegnen würde. Ich würde mir selbst begegnen. Langsam habe ich das kapiert. Ich hatte eine unglaubliche Angst davor, und dann extrapolierte ich innerlich: Wie fühlt sich das an, wenn ich einfach diese buddhistische Praxis so weitermache? Und es fühlte sich grau an. Grau! Andererseits hatte ich diese unglaubliche Erfahrung bei Frau Tweedie. Ich wusste, eines Tages muss ich springen. Das war im März. Frau Tweedie hatte einen Vortrag, eine ganze Vortragsserie beendet. Ich ging zu ihr und fragte sie, ob sie mich als Schülerin annehmen würde. Und ich gab ihr das Allerliebste, was ich hatte. Sie hat nur gesagt: »Ja, du meinst es ernst.« Und das war es.

Dieser Schritt hatte unglaubliche Konsequenzen. Ich wollte wahrhaftig sein.

Ich habe versucht, in jedem meiner Lebensbereiche wahrhaftig zu sein. Jeden Lebensbereich durchleuchtete ich. Und es ist fast zu einer Explosion dabei gekommen. Ich gab meinen Vorsitz bei der Transpersonal Association Switzerland zurück und hörte auf, für meinen T'ai Ji Lehrer als Stellvertreterin zu arbeiten. Ich folgte damit meinem inneren Bild von dem, was ich selbst unter T'ai Ji verstand, unter einem Leben im Eins-Sein, in Harmonie, im Ganzen, dem musste ich Rechnung tragen.

Ich beendete auch meine Arbeit bei der Swissaid, und von da an arbeitete ich nur noch freiberuflich in der Entwicklungszusammenarbeit.

Dazu kam, und das war sehr einschneidend, das Thema der Beziehung zu meinem Mann. Wir hatten über die Jahre hinweg zu wenig genau hingeschaut, und so passierte auch da ein Einbruch. Somit waren eigentlich alle wesentlichen Lebensbereiche von mir ganz brutal eingebrochen. Ich stand vor dem Nichts. In Bezug auf die Familie war das natürlich ein längerer Prozess. Es war mir ganz wichtig, nicht neues Karma anzuhäufen. Ich wollte niemanden verletzen, wollte, dass wir die beste Lösung für uns vier, meinen Mann, meinen Sohn, meine Tochter und mich fänden. Ich war bereit, in der Familie zu bleiben oder auch zu gehen. Beide entschieden wir uns für die Trennung. Wobei ich eine innere Vision hatte, dass die Familie sich erweitert. Ich sah ein inneres Bild, wie von einem Indianerstamm. Heute denke ich, dass es so geworden ist. Heute weiß ich, dass es zum Wohle aller war.

Du hast gesagt, dass dein erster Schritt nach deinem »Sprung« dein wahrhaftiges Hinschauen auf dein Leben gewesen sei und sich dadurch die Strukturen aufgelöst hätten. Das heißt ja, dass etwas davon in deiner Tiefe schon dagewesen sein muss und sich in dem Moment geöffnet hat. Also dass etwas geschehen ist, wonach du dich irgendwo schon gesehnt hast. Die Frage ist nur, hat es nicht trotzdem weh getan? War es nicht trotzdem schmerzhaft, dass sich deine Familie aufgelöst hat? Dass du auch beruflich Funktionen zurückgegeben hast? Dass du Abschied genommen hast von deinem T'ai Ji Lehrer?

Ja, das war wirklich wie eine Explosion. Eine Explosion in all meinen Lebensbereichen. Alle Strukturen brachen zusammen. Es war eine unglaubliche Desorientierung, die in mir stattfand. Es war zutiefst erschreckend. Ich hatte keinen Orientierungspunkt mehr im Außen, nur noch das Innere. Das war aber auf einer bewussten Ebene noch wenig deutlich. Ich zweifelte viel, ob das alles richtig sei. Ich litt ungeheuerlich, vor allem wegen meiner Familie. Das war für mich – ich finde da fast keine Worte – tiefster Schmerz. Sehr, sehr schwierig, ihn zu ertragen, zu überbrücken, irgendwie damit zurechtzukommen. In den größten Nöten kam dann aber Hilfestellung, wie zum Beispiel diese innere Vision, als ich uns dann alle plötzlich in diesem Stammesverhältnis sah. Da bekam ich diese innere Gewissheit, dass es so richtig sei. Ich konnte ja auch weiterhin zu Frau Tweedie gehen. Ich habe auch mit ihr darüber gesprochen und erfuhr große Unterstützung von ihr. Nicht so direkt, aber einfach dadurch, dass ich dort sein durfte, dass ich angenommen war. In all diesem Tun spürte ich ein Getragensein. Aber es war eine unglaublich schwere Zeit. Eine Zeit der größten Verunsicherung. Im Äußeren hatte ich alles verloren. Ich wusste nicht, wie weiter.

Und wie ist es weitergegangen?

Erst einmal hatte ich die Priorität gesetzt, so viel wie möglich zu Frau Tweedie zu fahren und in mir präsent zu sein. Das gab mir innerlich dieses Getragensein.

Vielleicht muss ich zwischen einer äußeren und einer inneren Ebene unterscheiden. Auf der äußeren Ebene war ich bemüht, meinen Verpflichtungen gegenüber den Kindern so gut wie möglich nachzukommen.

Mein Mann und ich versuchten, uns in Frieden zu trennen. Ich gab viel Energie hinein, die Trennung so zu gestalten, dass die Liebe im Herzen blieb. Das brauchte sehr viel Aufmerksamkeit. In dieser Zeit habe ich auch George, meinen jetzigen Mann, kennen gelernt. Das war für mich im Außenbereich auch eine Stütze.

Auf der äußeren Ebene brauchte es einfach Zeit, ein Aushalten, ein Durchstehen, und irgendwie kam alles dann im Lauf der Zeit wieder mehr in ein Gleichgewicht. Ich habe T'ai Ji unterrichtet. Das war neben der freiberuflichen Arbeit in der Entwicklungszusammenarbeit mein zweites Standbein. Und ich habe das jetzt auf meine Weise unterrichtet. Ich arbeitete nicht mehr in der Organisation meines Lehrers. Meine T'ai Ji-Gruppen hatte ich, und die führte ich ziemlich konsequent fort. Ich schrieb dann auch in dieser Zeit, in der ich eher zurückgezogen lebte, mein erstes T'ai Ji-Buch. So formte sich in diesem leeren Raum langsam wieder etwas, das hinausgetragen werden konnte in die Welt. Relativ schnell begann ich dann auch mit einer Meditationsgruppe. Ich hatte Frau Tweedie gefragt, ob das in Ordnung sei. Zweimal in der Woche fand dann die Meditationsgruppe statt.

Du hast zu dem Zeitpunkt aufgehört, die buddhistischen Übungen zu machen?

Ja, da war ein klarer Schnitt. Ich habe mich vollkommen auf diesen Sufi-Pfad konzentriert. Ich habe alles andere sein gelassen und übte das, was wir zu üben haben, unsere Dhyana-Meditation. Und relativ schnell bekam ich auch das Mantra von Frau Tweedie. Das waren die beiden Dinge, die ich dann wirklich versuchte, konstant zu praktizieren.

Ich möchte noch meine erste Begegnung mit Frau Tweedie in London beschreiben. Sie hatte mich eingeladen, nach London zu kommen. Ich kehrte von einer Reise nach Afrika, wo ich in der Entwicklungszusammenarbeit einen Auftrag gehabt hatte, über London nach Europa zurück. Ich versuchte es die Jahre danach immer so einzurichten, dass ich einen Zwischenstopp in London hatte.

Ich kam also das erste Mal zu ihr, und sie begrüßte mich heiter und sagte als Erstes, sie müsse das Badezimmer und die Toilette putzen. Es seien hundert Leute hier gewesen. Ich müsse schließlich ein sauberes Klo haben. Ich war völlig perplex. Ich hatte es mir ganz anderes vorgestellt, wenn man zu einer spirituellen Lehrerin kommt. Das war das Erste; das Zweite war, dass sie für mich ein Essen gekocht hatte. Es war Mittagszeit. Spinat mit Spiegelei und Kartoffeln. Und innerlich wartete ich, dass jetzt ein spirituelles Gespräch beginnen würde. Das war aber nicht so. Nach dem Essen meinte sie, ich solle jetzt schlafen, mich hinlegen, weil ich sicher todmüde sei. Also legte ich mich hin. Immer so zwischendurch, zwischen Spinat und Tee, fiel vielleicht mal ein Wort oder ein Satz, der mich aufhorchen ließ. Aber ich konnte es nicht in ein Ganzes einordnen.

Das war meine erste Begegnung mit Frau Tweedie in London. Ohne dass Leute um sie herum waren, ohne dass sie in Funktion war. Ich schlief dann zwei Nächte bei ihr und das hat mich bis heute tief beeindruckt. Erst viel später verstand ich, dass nichts nicht spirituell ist. Dass alles, was zum Leben gehört, die ganze Skala von Toilette putzen bis in die absolute Stille eingetaucht zu sein, dass das nicht getrennt ist in zwei. Das hat mich tief beeindruckt.

Ich hatte dann sehr bald danach einen Traum, in dem Frau Tweedie an der Türe stand und zu mir sagte: »Warum bist du erst jetzt gekommen?«, und mir ein Symbol übergeben wurde. Es war, denke ich, eine Art Initialtraum.

Die Farbe der Sufis

❧

*Du hast erzählt, dass du, als du Frau Tweedie begegnet bist, noch
einer buddhistischen Tradition folgtest. Das war zu einer Zeit, zu der
es noch sehr wenig Sufi-Literatur gab. Du hast gesagt, dass du zu ihr
gekommen bist, nachdem du die Kurzfassung ihres Buches gelesen hattest, und dass du die ersten Jahre einfach beobachtet hast. Später hast
du sicher auch über das Buch von Frau Tweedie hinaus Literatur über
das Sufitum gelesen. In ihrem Buch ist zwar schon die ganze sufische
Tradition in der Essenz enthalten. Was sind aus deiner heutigen Sicht
die Merkmale des Sufitums?*

Das ist eine große Frage. Ich möchte dabei nochmals an den
Anfang zurückgehen. Als ich Frau Tweedie kennen lernte, wusste ich nicht, dass sie vom Sufismus herkommt. Ich war einfach
fasziniert von dieser Radikalität, von dieser gnadenlos-gnaden-
vollen Art. Ich war fasziniert davon, dass es einen Weg gibt, der
den Menschen – mitten im Leben stehend – wirklich nach Hause
bringt. Mein Herz freute sich zutiefst, einem mystischen Pfad zu
begegnen. Die Bezeichnung, den Namen, fand ich zunächst
nicht interessant. Es dauerte lange, bis er hineinkam. Und
irgendwie hat das auch etwas mit der Tradition zu tun. Bhai
Sahib – der Lehrer von Frau Tweedie – sagt ganz klar, es ist keine
Philosophie, keine Religion, es ist eine Lebensweise. Das trifft

den Nagel auf den Kopf. Jeder bleibt, wer er oder sie ist, oder kann bleiben, wer er oder sie ist. Ein Christ, ein Hinduist, dem Islam zugehörig – es spielt keine Rolle. Und in der Essenz ist dieser Pfad namenlos. Das ist der innerste Kern. Bhai Sahib sagt, unser Pfad ist so alt wie die Menschheit selbst. Das ist eine zentrale Aussage. Es geht um das Menschsein, um die Menschwerdung. Jenseits von irgendwelcher Dogmatik oder Farbe, es geht um dieses Anliegen, das seit Menschengedenken existiert, dass der Mensch – der als einziges Wesen auf der Welt diese Möglichkeit hat – sich selbst und damit Gott erkennt.

Wie wir zu dieser Menschwerdung kommen, das ist etwas ganz anderes. Dieser Pfad birgt jahrtausendealte Erfahrung. In diesem Pfad schwingt die uralte Weisheit mit, wie ein Mensch zu sich selbst geführt werden kann. Wie ein Mensch eins werden kann mit DEM, was man nicht benennen kann. Aus heutiger Sicht setze ich den Akzent mehr auf das Namenlose. Es hat für mich etwas Universelles, das darin mitschwingt. Universelles Bewusstsein. Man könnte auch sagen, transkonfessionelle Spiritualität – Religion wieder im Verständnis von »religio«, zurückbinden an die Wurzel. In der heutigen Zeit geht es nicht mehr so sehr darum, die Verschiedenheit zu betonen. Die Verschiedenheit besteht, das ist keine Frage, es ist auch sehr gut, dass es verschiedene Pfade gibt. Aber im Vordergrund steht heute das, was allen gemeinsam ist.

Dieser Pfad wurde von anderen Menschen benannt. Es ist ein pfadloser Pfad, nicht einfach ein Pfad. Es ist ein pfadloser Pfad, dem von außen verschiedene Namen gegeben wurden. Ein Name war *safa*, ein anderer Name war *Kamal Posh*, der letzte Name, der diesem Pfad gegeben wurde, war der *Sufi*-Pfad. *Suf* bedeutet

Wolle oder auch weich, weich wie Wolle. Dass der Pfad heute vordergründig, vielleicht auch hintergründig, unter dem Namen Sufismus läuft, hat auch mit dieser Geschichte zu tun, die bei den Sufis erzählt wird, in der die »Deckenträger« – gleichsam unsere Vorfahren – zu jedem größeren Propheten hingezogen sind und bei Mohammed ein Verständnis für die Essenz der Essenz fanden. Heute ziehen sie weiter. Die Sufis waren – historisch gesehen – häufig auch nicht sehr beliebt, wie übrigens viele Vertreter mystischer Pfade, weil sie die direkte Schau Gottes erfahren und das liegt jenseits jeglichen Dogmas. Das macht die Menschen frei. Es ist eine menschliche Grunderfahrung, die häufig den institutionalisierten Religionen zuwiderläuft.

Ein Sufi ist ein Mensch, der niemand ist, der nichts ist. Ein christlicher Mystiker ist ein Mensch, der nichts ist. Ein wirklicher Hindu oder Advaitin ist jemand, der nichts ist. Wir teilen die Essenz aller mystischen Pfade. Das, was Frau Tweedie durch Bhai Sahib und dessen Lehrer Guru Maharaj an uns weitergab, ist eine Traditionslinie, in der die Weisheit, die Erfahrung, wie Menschen gespiegelt werden können, »geführt« werden können, um ihren eigenen inneren Lehrer zu erkennen, enthalten ist. Wie Menschen ihr höheres Selbst erkennen, ihr Wesen erkennen können, das beinhaltet dieser mystische Pfad. Ich denke, es ist immer noch eine Seltenheit, einen Pfad zu finden, der in solcher Klarheit den Menschen zu weisen vermag.

Wobei ich jeden mystischen Pfad als gleichwertig erachte. Zum Glück gibt es verschiedene Pfade. Heute sind der Menschheit weit mehr mystische Pfade zugänglich als dies noch vor dreißig oder vierzig Jahren der Fall war. Das hat mit der evolutionären Bewegung der Menschheit zu tun.

Die Menschen sind verschieden, und aufgrund der inneren Resonanz muss es verschiedene mystische Pfade geben. In der Essenz führen alle mystischen Pfade an denselben Ort. Ein Pfad ist wie ein Boot, das den Menschen ans andere Ufer bringt.

Ein Wanderer sieht auf seinem Wege vor sich eine große Wasserflut, das diesseitige Ufer unsicher und gefährlich, das jenseitige Ufer sicher und gefahrlos. Es ist aber kein Schiff zum Übersetzen da und keine Brücke zum anderen Ufer. Da denkt er: Vielleicht könnte ich mir Schilfrohr und Holzstämme, Zweige und Blätter sammeln, mir daraus ein Floß bauen und auf diesem Floß, mit Händen und Füßen arbeitend, heil an das andere Ufer gelangen. Diesen Plan führt er aus und kommt heil an das andere Ufer. Dort angelangt, denkt er: Dieses Floß ist mir von großem Nutzen gewesen, ich will es mir auf den Kopf und auf die Schultern laden und mitnehmen, wohin ich gehen will.

Wie aber würde er richtig handeln? Er würde denken: Dieses Floß ist mir zwar von großem Nutzen gewesen, jetzt aber will ich es auf trockenen Boden setzen oder ins Wasser versenken und (unbelastet) gehen, wohin ich will. Versteht ihr das Gleichnis vom Floß, dann gebt (ans Ziel gekommen) sogar die rechte Lehre auf, noch mehr aber die unrechten.*

---

* Aus den Reden Buddhas (Majjhima-Nikaya 22) zit. nach Georg Schmid, *Die Mystik der Weltreligionen*, Kreuz, Zürich 1990, S. 142, gekürzt.

Am Schluss muss man das Boot zurücklassen, und der pfadlose Pfad wird tatsächlich pfadlos. Ich denke, dass unser Pfad, unser Sufi-Pfad der Naqshbandiyya-Mujaddidiyya – das ist eine indische Naqshbandi-Linie – gewisse Merkmale hat, die in Resonanz stehen mit bestimmten Menschen, mit ihrer inneren Alchemie. Die Eckpfeiler unseres pfadlosen Pfades sind die Dhyana-Meditation und die Praxis des Mantra-Sagens, des *dhikr*. Das sind eigentlich die Hauptpfeiler, die tragenden Pfeiler. Dazu kommt die Traumarbeit.

Dhikr

Der (oder das) *dhikr* ist eine wichtige Praxis in allen Sufi-Linien. Bei den Naqshbandi wird er schweigend praktiziert. Es entspricht in etwa dem, was wir als Mantra-Sagen oder *Japa*-Praktizieren von indischen Traditionen her kennen, also die ständige Wiederholung eines göttlichen Namens oder Attributes oder einer göttlichen Aussage.

Dhikr kommt aus dem Arabischen und bedeutet Erinnern, Gedenken, Nennen.

Die Schülerin oder der Schüler praktiziert den *dhikr* am Anfang bewusst und mit Bemühung. »Und wenn wir das Mantra-Sagen vergessen«, sagte Frau Tweedie öfter, »dann kritisieren wir uns nicht dafür. Wir sehen es und beginnen wieder von Neuem.«

Schicht für Schicht dringt der *dhikr* in die inneren Ebenen des Herzens, die sich langsam dabei öffnen. Später »geschieht« der *dhikr* und entzieht sich oft der bewussten Wahrnehmung.

Wichtig für die transformierende Kraft des *dhikr* ist, dass er von einem lebenden Meister, einer lebenden Meisterin weitergegeben wird, auch wenn wir heute keine sichtbaren Initiationen mehr haben.

Auf dieser Traditionslinie arbeiten wir mit dem Mantra *allah*, der eigenschaftslosen Nennung des Göttlichen, in seiner letzten Aussage das Nichts bedeutend. Keine Sprache ist dem Herzen so nah wie das Arabische, erzählen die alten Sufis. Ein Hauch (das h) bleibt am Ende des Mantras und verweist auf die göttliche Verborgenheit im Atem. So wird also der *dhikr* auch mit dem Atem verbunden: *al* mit dem Ausatmen, *lah* mit dem Einatmen. Nach einer Weile des Übens trägt auch der Atem Seine Nennung im Stillen.

»Jeder Atemzug, der getan wird, ohne Gottes zu gedenken, ist vertan«, sagen die Sufis.

Immer tiefer führt uns der *dhikr* und dabei wird das Herz poliert. Es ist der Aspekt des Erinnerns an unser Sein, bevor wir waren.

»Das Japa ist für mich die Wirklichkeit, die Sehnsucht und das Vertrauen … die Süße des in tiefstem Frieden in IHM Ruhens.« *

*zit. aus Irina Tweedie, *Der Weg durchs Feuer*, S. 952

Der Pfad I

❧

Was wusstest du damals, als du zu Frau Tweedie kamst, über den Weg?

Eigentlich sehr wenig. Ich praktizierte einfach die Dhyana-Meditation und das Mantra. Ich ging so oft ich konnte, so oft es mir von meinen Pflichten und von meiner Familie her möglich war, zu Frau Tweedie. Es ging mir um ihre Präsenz. Ich verstand intellektuell nicht, was da geschah. Ich ging einfach hin. In der Gruppe, die bei ihr zu Hause im Wohnzimmer saß, wurden Träume erzählt, Fragen gestellt, Tee getrunken. Es war am Anfang, als noch jeden Wochentag geöffnet war und noch alle kommen durften, dicht gedrängt. Es war nicht lustig, dort zu sein. Wir saßen auf unbequemste Weise mit angezogenen Beinen, weil es so voll war. Es war heiß im Sommer. Es war auch im Winter heiß in dieser Menschenmenge. Ich lernte sehr bald das Wesen von Projektionen kennen – wie man sich über einzelne Gruppenmitglieder aufregt, sich an ihnen stört, vielleicht auch eifersüchtig wird auf diejenigen, die immer zu Füßen von Frau Tweedie sein konnten oder die zuerst in ihr Haus stürmten. All diese menschlichen Dinge eben. Und ich verstand sehr bald, dass das auch *meine* Themen waren und versuchte anhand von dem, was sich dort abspielte, die Projektionen wieder zurückzuneh-

men und mir die Dinge anzuschauen. Ich lernte meine Schattenseiten, meine dunklen Seiten, meine abgespaltenen Seiten auf
diese Weise langsam kennen. Dazu kam die Traumarbeit. Ich begann, meine Träume wirklich anzuschauen, und lernte im Laufe
der Zeit, dass ich überhaupt nicht die bin, die ich dachte zu sein.
Ich lernte allmählich, dass die ganze Welt im Menschen enthalten ist und nicht umgekehrt der Mensch in der Welt. Das sind die
anfänglichen Prozesse. Ich hatte zu Beginn mit Frau Tweedie
eine Phase, da war ich sehr unbeschwert. Ich erzählte ihr alles,
wirklich alles. Das war so eine Erlösung für mich. Die geheim-
sten Dinge, die unmöglichsten Sachen. Ich reiste ja viel in der
Welt umher und erlebte so einiges. Sie hatte immer ein offenes
Herz, ein offenes Ohr für alles. Sie verurteilte nie etwas.

Über alles konnte ich mit ihr reden. Das war für mich eine ungeheure Chance. Sie war jemand, die den Menschen zutiefst verstand. Ich fühlte mich erkannt. Ich durfte so sein, wie ich war. Es
gab keine Tabus. Frau Tweedie gab mir manchmal auch Antworten, die völlig quer lagen zu dem üblichen oder gängigen Denk-
schema.

Fällt dir dazu ein Beispiel ein?

Schon, ich denke aber, es ist wirklich nicht für die Öffentlich-
keit. Du weißt ja, es gab keinen Bereich des menschlichen Daseins, der nicht angesprochen werden konnte, da alles innerlich
ausgeleuchtet war, bewusst werden konnte. In jeder Zeit gibt es
kollektive Wert- und Verhaltensmuster, die tabuisiert sind, und
Frau Tweedie gab manchmal einen Hinweis, unabhängig von
äußeren moralischen oder zeitgemäßen Wertvorstellungen, der
aber den Punkt der Seele und des Seins eines Menschen genau

traf. Frau Tweedie besaß eine große Offenheit in allen Fragen. Ich habe nie jemanden etwas fragen gehört, das bei ihr auf Unverständnis stieß, menschlich gesehen. Wenn natürlich im Prozess der spirituellen Schulung etwas anstand, was sie im Moment zurückweisen musste, dann hat sie es natürlich zurückgewiesen. Auf der menschlichen Seite war sie für mich weit wie der Himmel. Alles hatte wirklich Raum. Das ist eine große Qualität, die sie da besaß.

Am Anfang also hatte ich, ich denke bis 1989, das heißt fast fünf, sechs Jahre lang, eine völlig unbeschwerte Zeit. Ich habe Geschichten von anderen gehört, wie streng Frau Tweedie sei, aber wenn ich da war, erlebte ich seltsamerweise nie, dass sie jemanden rauswarf, dass sie mit jemandem schroff war oder jemanden zurechtwies. Wenn, dann gab es ein sanftes Zurechtweisen.

Bei ihren Besuchen in der Schweiz hatte ich dann zwei bemerkenswerte Erlebnisse mit ihr. Das eine war, dass sie mich einmal bat, mit ihr zu meditieren. Das war ganz am Anfang, als ich sie kennen lernte. Ich legte mich ins Nebenbett bei ihr im Hotelzimmer. Und – ich war einfach weg. Einfach weg. Ich glaube, das war die erste Dhyana-Erfahrung, die ich hatte. Sie hat nichts gesagt. Ich hab sie dann gefragt, was das war, ob ich einfach geschlafen hätte. Obwohl ich irgendwo wusste, dass ich nicht geschlafen hatte. Aber sie hat nicht viel dazu gesagt, nichts erklärt.

Die andere Episode trug sich zu, als wir in ein Hotel essen gingen. Das obere Restaurant, das »normal« war, hatte geschlossen, und wir wurden nach unten verwiesen. Dort war es ein bisschen sehr elegant. Wir bestellten das Essen, und dann kam der Kellner mit einem Brottablett daher. Es waren ungefähr fünf verschiedene Brotsorten darauf, und er fragte, welches Brot wir haben möchten. Frau Tweedie schnellte auf und sagte, das sei absolut dekadent und rannte aus dem Restaurant. Verständlicherweise war ich sehr erschüttert. Natürlich begriff ich, um was es ging. Wir würgten noch das Abendessen runter und hatten unsere Lektion bekommen.

Sie ist allein weggegangen, du bist ihr nicht nachgegangen?

Es war immer eine Begleiterin bei ihr und die ging sofort mit ihr weg. Ich hatte keine Chance, ich war nicht gefragt. Jemand musste die Rechnung zahlen, auf mehreren Ebenen.

Innerlich war diese Phase charakterisiert durch das Auflösen von Strukturen: immer weniger Denkmodelle zur Verfügung zu haben, auch psychische Strukturen zu lösen, an denen das Ich noch festhalten konnte. Eigentlich wurde einem ständig ein Teppich nach dem anderen unter den Füßen weggezogen.

Hattest du in dieser Zeit schon ein Bewusstsein für diesen Vorgang oder hast du einfach erlebt, wie es geschieht?

Ich habe immer beobachtet, was geschieht. Ich wusste nichts von einem spirituellen Weg, der vorgezeichnet war. Ich hatte wirklich keine Ahnung. Ich konnte in den Vorträgen nie richtig zuhören, weil ich geistig irgendwie wegtrat, also wusste ich eigentlich sehr wenig. Das vollständige Buch – *Der Weg durchs Feuer* – las ich natürlich; es war inzwischen glücklicherweise erschienen. Frau Tweedie hatte lange bezweifelt, dass sich je ein deutschsprachiger Verlag für ihr vollständiges Tagebuch *Daughter of Fire* finden würde, da es zu umfangreich sei, aber es erklärte sich dann doch ein mutiger Verleger bereit, die deutsche Ausgabe in seinem Verlag herauszubringen.

Fünfzehn Jahre lang war dieses Buch mein Begleiter. Ich las es täglich – von vorne nach hinten und wieder von vorne. So verstand ich allmählich mehr und mehr. Und der eigene Prozess lief, und ich beobachtete einfach.

Zunächst erlebte ich diese Loslösung, das Wegrücken der Strukturen, den freien Fall. Ich merkte, wie die Welt verblasste, wie sie grau wurde. Ich spürte die Diskrepanz Innenwelt – Außenwelt. Ich wandte mich der Innenwelt zu, ohne zu wissen, was sie war. Ich hörte von dieser Liebe, die wir eines Tages erfahren werden. Ich erfuhr sie nicht. Ich denke, ich erfuhr die Wüste. Und das dauerte sehr lange. Aber ich glaube, *in* der Situation hat man immer das Gefühl, dass diese Wüste endlos ist. Dazu kam das Gefühl dieser ständigen inneren Reibung, was Frau Tweedie das Jo-Jo-Prinzip nannte. Darüber sprechen wir sicher später noch. Es gab am Anfang auch eine Zeit, in der ich sehr viele Träume hatte. Die halfen immer wieder. Es gab auch eine Periode fast prophetischer Träume, Träume, in denen ich die Gegenwart von Heiligen, Propheten, Lehrerinnen und Lehrern aus anderen Zeiten und Traditionen erlebte. Auch sie haben mir sehr geholfen. Ich habe relativ schnell begonnen, Frau Tweedie zu schreiben. Bis zum Schluss habe ich ihr immer alles geschrieben. Ob ich eine Antwort bekam oder nicht, das war mir gleich. Ich habe auch in meinen Briefen immer dieses Prinzip der Wahrhaftigkeit versucht – ihr wirklich alles mitzuteilen, auch meine Schattenseiten. Ich fragte manchmal auch um Rat oder schrieb ihr innere Erfahrungen.

Ich habe das Buch von Frau Tweedie sehr ernst genommen. Am Anfang erwähnt sie die beiden Meister, über deren Texten sie im Britischen Museum einen Schwur leistet. Ich bin dann auch ins Britische Museum gegangen und habe mir diese Schriften geben lassen. Meditativ, kontemplativ saß ich da vor diesen Schriften. Und da war – und ist – diese Verbindung. Es ist nicht so, dass mir Frau Tweedie sehr viel gesagt hat, was ich tun sollte. Eigentlich überhaupt nicht. Ich las ihr Buch und so ergaben sich die einzelnen Schritte wie von selbst, gespiegelt über dieses Tagebuch und aus dem eigenen Inneren heraus.

Am Anfang bist du also mit einer großen Unbefangenheit und Selbstverständlichkeit bei Frau Tweedie gewesen. Das war ja für jede, für jeden von uns ganz unterschiedlich gewesen. Und auch Frau Tweedie hat sich zu jedem und zu jeder vollkommen anders verhalten. Jemanden anderen mit einer solchen Unbefangenheit hätte sie vielleicht rausgeschmissen. Unser Erleben von Frau Tweedie und wie Frau Tweedie mit uns umgegangen ist, war vollkommen verschieden.

Ja, das ist absolut korrekt. Hätte ich zu Beginn eine strenge Seite von ihr gesehen, ich wäre davongerannt. Frau Tweedie war ja nichts anderes als ein Spiegel. Und da ich das nicht ertragen hätte, hat es sich so ergeben, dass ich Frau Tweedie in der Anfangszeit so erleben konnte. Ich glaube, das hat auch etwas mit meiner Zurückhaltung zu tun. Ich brauchte viel Zeit, um mich wirklich anvertrauen zu können. Den Blankoscheck hatte ich gegeben. Das war für mich nicht das Thema. Aber dieses Innerliche, ganz Feine, dieses Anvertrauen meines Innersten und mich wirklich öffnen – mein Allerinnerstes –, das brauchte Zeit. Das hat etwas mit meiner Alchemie zu tun. Bei ihr war ich erkannt. Frau Tweedie war wirklich einfach der Spiegel, Spiegel ist vielleicht nicht das richtige Wort – sie konnte die Menschen in ihrem Gefäß halten auf spirituelle Weise.

Sie hat gewusst, was innen im Menschen war und dafür den Weg gefunden. Wenn jemand einen bestimmten Ton brauchte, dann hat sie in diesem Ton zu ihm gesprochen. Und mit einem anderen wieder völlig anders. So wie du gesagt hast, dass du sonst gegangen wärst, wenn du die härtere Seite von ihr früher gesehen hättest.

Für mich war es eine einmalige Kombination – alles mit ihr besprechen zu dürfen, ihre Präsenz zu spüren. Ich durfte auch oft bei ihr übernachten. Diese langsame seelische Öffnung, die stattfand, war wirklich eine unbeschwerte Zeit für mich mit Frau Tweedie. Aber wie gesagt, das war die Anfangszeit.

Was kam danach?

Der Wendepunkt war das Suficamp in Hart 1989, das wir, George und ich und einige Freunde, vorbereitet hatten und das sich als außerordentlich schwierig erwies. Nicht voraussehbar. Am Schluss dieses Suficamps gab mir Frau Tweedie sozusagen den Dolchstoß und erklärte, ich hätte Geld veruntreut und ich hätte ihr dies nicht recht gemacht und jenes nicht recht gemacht. Ich erinnere mich noch ganz genau, wann und wie das geschah. Es war am Ende des Camps. Das Haus, in dem die Veranstaltung stattgefunden hatte, war an manchen Stellen noch nicht ganz fertig, und Frau Tweedie stand auf so einer Art Hühnerleiter vor dem Hauseingang, und dann sagte sie mir alles. Sie sagte gar nicht viel, aber es hatte solch eine Wirkung. Ich war beinahe von Sinnen. Ich wusste nicht mehr was oben und unten, links und rechts war. Ich war 14 Tage lang wie betäubt. Ich brachte fast keinen Ton mehr heraus. Es war die Hölle. Das Verrückte war, dass ich schon meinen nächsten Flug nach London gebucht hatte, um wieder vierzehn Tage bei ihr im Wohnzimmer zu sitzen. Sie hat mich nicht total rausgeschmissen, ich wäre sonst daran zerbrochen. Und so flog ich zehn Tage später nach London.

War denn etwas von dieser Kritik berechtigt? Ich meine, du wirst ja kein Geld veruntreut haben.
Nein, das hab ich nicht, keinen Rappen.

Und du hast das Camp ja mit deiner ganzen Kraft und nach bestem Wissen und Gewissen organisiert. Du hast Tag und Nacht deine ganze Kraft hineingegeben.
Frau Tweedie hat mir ein Jahr später gesagt, sie hätte das auf Anweisung von Guruji, ihrem Lehrer, so gemacht.
Ich kam also nach London. Ich kam kaum zur Türe rein. Es war fürchterlich. Ich konnte nicht mehr in den Hauptraum gehen, wo alle waren.

Von deiner inneren Verfassung her, oder hat sie dich nicht reingelassen?
Es verlief alles mit relativ wenigen Worten. Ich kam einfach nicht mehr über die Schwelle. Ich wollte, das war keine Frage. Aber da war so eine Kraft – ich war wie die Aussätzige, Verstoßene. Und es ging dann munter weiter in der Gruppe. Ich lernte nun auch das Kollektiv der Gruppe kennen. Es waren über hundert Leute in London, von denen vielleicht drei nachher noch mit mir sprachen. Vorher waren alle nett und freundlich gewesen, die meisten kannten mich von der Organisation her. Aber das hat sich dann gewendet und damit wurde der ganze Prozess verschärft. Die Gruppe wurde auch eingesetzt, vermute ich, um

gewisse Prozesse zu verstärken. Frau Tweedie beschimpfte mich dann vor der Gruppe weiter, ich hätte Geld veruntreut und so fort. Ich konnte gar nichts sagen. Es war für mich wie ein Seiltanz über dem Abgrund, wirklich wie über eine Brücke aus einem Haar zu gehen. Und es gab Momente, da stand ich tatsächlich auf einer Brücke und wollte springen. Es war für mich ein Desaster.

Es ist vielleicht wichtig, an dieser Stelle zu sagen, dass man Kritik vom spirituellen Lehrer, ein Ungerecht-behandelt-Werden von ihm, viel stärker erlebt, als wenn man vom Partner oder einem Kollegen kritisiert wird, einfach weil man dem Lehrer an einem solch tiefen Punkt in sich begegnet. Das bekommt eine völlig andere Dimension durch die spezielle Beziehung, die man zum Lehrer, zur Lehrerin hat.

Ja, unbedingt. Ich meine, wenn man als Mensch alles auf eine Karte setzt, und das habe ich getan, und das war das erste Mal in meinem Leben, wo ich alles auf eine Karte gesetzt habe. Wobei für mich nicht die Lehrerin, der Lehrer im Zentrum stand, sondern ich habe die Karte auf DAS gesetzt. Und Frau Tweedie war in Verbindung mit diesem DAS. Das war es, was einen so zutiefst zu erschüttern vermochte. Das sind tatsächlich Dimensionen, die mit dem normalen Menschenverstand kaum nachvollziehbar sind. Das hat mit dieser tiefsten Öffnung zu tun, diesem tiefsten Inneren, intimsten Inneren des Menschen, das sich DEM geöffnet hat. Auf dieser Ebene wirkt dann der Lehrer oder die Lehrerin. Da beginnt die Erschütterung in den tiefsten Tiefen der Seele.

Das ist eine andere Ebene als Depression oder Suizidalität aus psychologischer Sicht.
Das ist eine vollkommen andere Ebene. Es ist die Existenz-

Ebene. Das beinhaltet zwar auch die psychologische Dimension, aber es reicht wirklich viel, viel tiefer. Es ist existenziell auf jeder Ebene. Und das ist, denke ich, ein riesiger Unterschied. Es geht wirklich um die Dimension von »Stirb und werde!« Und das geht weit über die Psychologie hinaus.

Aber − ich konnte nicht springen. Frau Tweedie erzählt in ihrem Tagebuch auch davon. Sie war damals ungefähr ein Jahr lang bei ihrem Lehrer gewesen, wobei ihre Schulung wegen der Kürze der verbleibenden Zeit höchst intensiv war. Auch sie hatte das Empfinden, dass ihr Lehrer sie ungerecht beschuldigte, als er ihr vorwarf, sie liebe nicht genügend, und sie wäre ihm nicht nützlich gewesen, als er krank war. Frau Tweedie war schockiert gewesen, denn sie hätte es nie wagen dürfen, sich in indische Familienangelegenheiten einzumischen. Und die Pflege eines Kranken ist eine Familienangelegenheit. Nach dieser Beschuldigung war sie so verzweifelt, dass sie sich von der Eisenbahnbrücke in den Ganges stürzen wollte. Aber sie musste dann an diesem Tag doch wieder zu Guruji gehen, sie konnte von innen her nicht anders. Es war der Tag, an dem er sie ansah, voll von blendendem Licht, und ihr sagte, dass er die Zukunft eines Menschen kenne und *nie* seine Kraft mit jemandem vergeude.

An diesem Beispiel wird deutlich, dass jeder, der diesen Pfad geht, den Pfad auf einzigartige Weise durchläuft und gleichzeitig erkennen wir gewisse Stationen, die allen gemeinsam sind.

Als ich das Buch von Frau Tweedie las und wusste, genau so möchte ich geschult werden, dachte ich, das sei gar nicht möglich, weil der Kontext ganz verschieden ist. Doch wir werden auf dieselbe Weise geschult. Auch wenn es in der Ausdrucksform für jeden einzigartig verläuft und der Kontext verschieden ist. Aber die Punkte, die absolut existenziell sind, wo es um das Sterben geht, um zu werden, das sind Tore, die muss jede und jeder durchschreiten. Und die Schulung geht dahin, dass wir da hineingestoßen werden. Wir werden in diese Ecke geführt. Unmerklich, nicht bewusst. Wenn wir das bewusst erfahren würden, würden wir bremsen. Das Ich würde dazwischenkommen. Wir werden dorthin geführt, bis wir an dem Punkt sind, wo wir uns ergeben. Ganz ergeben.

Ich möchte noch etwas anfügen, was sicher nicht nur meine Person betrifft, sondern allgemein gilt. Wenn wir »in der Welt« so zurückgestoßen werden, rausgeworfen werden, fühlen wir uns meistens tief verletzt. In dem Prozess, den ich hier beschrieben habe, ist *etwas* nicht verletzt. Und das leuchtet durch alle Not hindurch, durch die äußerste Verzweiflung hindurch. In absoluter Not taucht *etwas* auf, und man spürt, wie eine Hand da ist, die in Liebe trägt. Das ist ein großer Unterschied zu einem Rausgeworfen werden in einem üblichen Sinne.

Für mich gab es zwei Geschehnisse, die mir dann halfen. Das eine war, dass ich einen Traum hatte, in dem mir auf einer symbolischen Ebene der Schlüssel gegeben wurde für mein Unbewusstes. Das war ein Geschenk. Und dann, als ich vor Verzweiflung fast nicht mehr gehen konnte, ganz real, plötzlich, mitten auf der Straße, in der Wohnung, war da ein Duft. Und ich wusste, es war kein irdischer Duft. Dieser Duft kam von einer anderen Welt, und mein Herz kannte ihn. Er half, weiterzugehen und die Liebe in allem zu erkennen. In allem. Das ist etwas, das jeder erfährt. Frau Tweedie sagte, wenn sie jemanden rausschmeißt, schickt sie einen Engel hinterher. Das geschieht wirklich.

> Sieh, ich starb hundertmal und lernte eines:
> Wenn Dein Duft kam, er konnte mich beleben.
> Und hundertmal bin leblos ich gesunken –
> Da kam Dein Ruf und konnte mich erheben.
> Ich spannt' ein Netz aus für den Falken »Liebe« –
> Mit meinem Herz sah ich den Falk entschweben! *
> *Rumi*

Ich brauchte ein Jahr, bis ich wieder ein bisschen ins Lot kam. Ich ging weiterhin zu Frau Tweedie, so oft ich konnte. Es war Höllenglut, jedes Mal. Sie schaute mich ein Jahr lang nicht mehr an, und man leidet unsäglich darunter. Kein Blick, ein Jahr lang. Es ist wirklich so, dass einen ein Stirnrunzeln der Lehrerin oder wenn sie nur die Augenbraue leicht hochzieht innerlich schon zutiefst erschüttert. Diese Dimensionen sind völlig unpersönlich. Das hat nichts mit Frau Tweedie als Person zu tun. Es hat etwas mit dem leeren Raum zu tun. Mit DEM. Und es ist eine unglaubliche Gnade, wenn man diese Strenge, diese Tiefe, diese Spiegelung erfahren darf. Es ist der Schleifprozess eines Rohdiamanten, der weh tut, unglaublich weh tut. Und gleichzeitig ist es das Einzige, was Sinn macht auf dieser Welt. Es ist von unschätzbarem Wert, wenn ein Mensch einen Pfad finden darf, auf dem er nach Hause geführt wird. Man kann das nicht genug wertschätzen.

---

* zit. aus Rumi, *Sieh! Das ist Liebe*, Basel: Sphinx Verlag, 1993, S. 51

Die Buddhisten sagen, es gibt drei große Gnaden: als Mensch geboren zu sein, die Sehnsucht zu spüren, die im Herzen ruft, und einen Pfad zu finden, der den Weg nach Hause weist. Mehr braucht der Mensch nicht. Das ist Erfüllung.

Für mich folgte dann eine zweite Phase, die äußerst schwierig war. Ich hatte ja bereits eine Meditationsgruppe zu Hause. Das lief, ich war einfach da.

Ich fuhr weiterhin, so oft es ging, zu Frau Tweedie, und wenn ich bei ihr war, wusste ich nicht, wer ich war. Ich benahm mich zum Teil wie ein zweijähriges Kind. Ich hatte Furcht und musste trotzdem immer hingehen. Ich war wie ein anderer Mensch. Die anderen sagten manchmal zu mir: »Du benimmst dich so seltsam. Was ist eigentlich los mit dir?« Wir, die Schweizer Gruppe, waren manchmal eingeladen bei Frau Tweedie zum Tee. Ich saß einfach zwei Stunden stocksteif da, mit geschlossenen Knien und einem Tässchen Tee in der Hand. Und ich wusste nicht, wie mir geschah. Ich merkte, dass ich kaum atmen konnte. Ein Blick von Frau Tweedie ließ mich rot werden. Es war scheußlich. Ja, und ich war auch stolz. Ich habe wenig erzählt in der Gruppe. Es kostete mich sehr viel Überwindung, etwas zu sagen. Auch da wurde ich so weit getrieben, bis ich nicht mehr anders konnte und mich in der Gruppe öffnen musste. Ich weinte, was ich sonst eher heimlich tat. Ich versuchte dann, auch da mutiger zu werden, die Dinge einfach zu sagen, die Träume nicht zurückzuhalten, mich auszusetzen, auszusetzen, auszusetzen.

Inzwischen hatte ich etwas mehr Spielraum von den Kindern her. Ich ging also manchmal für drei Wochen nach London. Für mich war es eine Zeit, in der ich innerlich gegen Wände stieß. Ich stieß mir gleichsam die Stirne blutig, indem ich innerlich gegen die Wand knallte. Ich kam nicht weiter. Ich wusste nicht, was war. Das hat sich dann erst später von der tiefsten Ebene aus gelöst.

Auf der äußeren Ebene habe ich dann meine Dritte-Welt-Arbeit ganz aufgegeben und nur noch T'ai Ji unterrichtet. Das T'ai Ji stand mir innerlich näher. Ich hatte eingesehen, dass die Entwicklungshilfe dort draußen, weit weg von uns, das eine war. Dass Entwicklung aber auch etwas mit mir selber zu tun hatte. Ich hatte verstanden, dass das Verändern der äußeren Strukturen eine Sache ist, die Entwicklung des Menschen hin zum bewussten Menschsein eine andere. Ich hatte verstanden, dass, wenn wir die Welt verändern wollen, das bei mir selbst beginnt und nicht beim Nachbarn, wo es doch so einfach wäre, nicht wahr? Ich experimentierte dann mit mir selbst, versuchte, Verhaltensweisen zu ändern und habe gesehen, dass ich ein ganz zäher Frosch bin. Ein zäher Fall. Dass das also dauert.

Gerade wollte ich dich fragen, ob es dir gelungen ist, dein Verhalten zu ändern.

Gewisse Dinge sind gelungen, aber eigentlich ist »gelungen« falsch ausgedrückt. Eigentlich war es immer etwas anderes, das Veränderung bewirkt hat.

Ist es nicht eigentlich viel eher so, dass einem etwas genommen wird? Dass es letztendlich über eine andere Ebene läuft, wenn Wandlung stattfindet?

Ja, das ist richtig. Das ist eine ganz wichtige Erfahrung, sich selbst wandeln zu wollen und erkennen zu müssen, dass das eigentlich gar nicht funktioniert. Dass auch das Vernunftsprinzip, das einem sagt, so, jetzt aber – und all die guten Vorsätze

letztlich meistens nicht greifen. Dies zu verstehen ist sehr hilfreich. Und dann wirklich zu erfahren mit dem tiefer und tiefer
In-sich-hinein-Versinken und langsam selbstvergessener Werden, dass die Dinge allmählich von einem abfallen. Es wird gemacht. Ich habe dann auch verstanden, dass die Welt sich nur so,
auf diese Weise, verändern kann. Weil es nicht aufgesetzt ist und
weil es nicht willentlich forciert ist, sondern sich auf ganz natürliche Weise von innen her entfaltet. Und ich halte letztlich nur
von dieser Art der Menschwerdung wirklich etwas. Alles andere
wird in einer Extremsituation umkippen. Das kann jeder für sich
selbst im alltäglichen Geschehen überprüfen.

Geschichtlich betrachtet haben wir genügend Beispiele, wie
sich das in Extremsituationen manifestiert.

*Alle Bilder, die wir uns von uns machen, sind Versuche, uns selbst
irgendwie zu erschaffen. Es geht ja darum, so zu werden, wie wir
schon erschaffen sind, wie wir wirklich sind. Wenn wir auf dem Pfad
auch noch versuchen, uns irgendwie zu »verbessern«, dann ist das ein
unglaubliches Missverständnis, was zum einen sowieso nicht funktioniert, und zum anderen bringt es nur eine weitere Entfremdung.
Nicht diesen Glanz, den es bedeutet, uns darauf einzulassen, die zu
werden, die wir sind.*

Du sagst es richtig. Das sind, denke ich, tiefe Erkenntnispro-
zesse. Dass es nicht darum geht, dies oder jenes zu sein. Es geht
nur darum, unser Wesen zu sein. Für mich ist das der Prozess des
Selbsterkennens, das heißt, Ja zu sagen zu dem, was ist. Den einzigartigen Duft sich entfalten zu lassen. Das einzigartige Lied zu
singen, jeder auf seine Weise, jede auf ihre Weise. Oder den einen
Klang erklingen zu lassen – um das geht es.

Natürlich hat das mit einem Verständnis von Schöpfung zu tun, damit, was überhaupt gemeint ist mit Schöpfer, Schöpfung. In meinem heutigen Verständnis sehe ich, dass das EINE sich in Milliarden von Formen spiegelt. Das EINE in einer unglaublichen Vielfalt. Und es geht darum, dass jede Form, jedes Bild, jede Facette, jeder Klang dieses Einzigartige lebt; im Wissen, dass es nur die Reflexion des EINEN ist. Darum, denke ich, ist es so wunderbar, das eigene Wesen zu entdecken und zu leben, ohne damit identifiziert zu sein. Es gibt nichts, außer IHM, dem EINEN. Und jeder Mensch hat eben seine Berechtigung, sein Wesen zu leben, seinen Duft sich als Teil des Ganzen entfalten zu lassen.

Der Pfad II

❧

*I*ch möchte noch mehr über die innere Dimension des Pfades sagen. Wenn wir sagen, bei dem Pfad der Liebe handelt es sich um einen pfadlosen Pfad, so liegt die Betonung darauf, dass jeder Verlauf des Pfades einzigartig ist. Wir sprechen wenig über sogenannte Stationen. Es wird überhaupt wenig erklärt. Man lässt den Wanderer oder die Wanderin *Erfahrungen* machen. Der Akzent liegt nicht darauf, Wissen zu vermitteln, sondern dass jeder selbst *erfährt*.

Ganz im Groben möchte ich aber doch skizzieren, was innerlich geschieht, was sich archetypisch bei fast jedem, der diesen Pfad geht, ereignet. Stationen wurden zum Beispiel auch von Teresa von Avila in der *Inneren Burg* beschrieben, und zwar als sieben Wohnungen. Wir haben mit den sieben Tälern in den *Vogelgesprächen* von Attar wiederum ähnliche Bilder.

In der Alchemie spricht man von einem Prozess, der mit der *Separatio* beginnt, in dem die Trennung stattfindet von der äußeren Welt und der inneren Welt, von der Erscheinungswelt und dem Eigentlichen, dem Urgrund allen Seins. Unter anderem lernen wir dabei, Licht und Schatten in uns zu unterscheiden.

Diese erste Stufe der *Separatio*, und die damit verbundene Erfahrung, führt dann allmählich zur *Conjunctio oppositorum*, dem Vereinen der Gegensätze, der Versöhnungsarbeit. Ein spiritueller Pfad ist Versöhnungsarbeit. Und das führt uns letztlich in die *Unio mystica*, die Erfahrung des Einsseins, in der der Liebende und der Geliebte eins werden. Es ist charakteristisch für den Sufi-Pfad, dass wir nichts für uns selbst erhalten und erfahren – auch eine *Unio mystica* ist nicht für uns. Alles geschieht nur, damit wir es nachher durch unser Sein wieder in die Welt hinaustragen. Letztendlich geht es um die Erfahrung, dass die äußere und die innere Welt, die Erscheinungswelt und die Wirklichkeit *nicht zwei* sind.

Was ist der Unterschied zwischen Stationen und Zuständen?

Wenn wir von Stationen sprechen, meinen wir eine Art Grobkonzept zur Orientierung, das von A nach B nach C führt, wie im eben beschriebenen alchemistischen Prozess. Tatsächlich vollzieht sich aber eine spirituelle Entwicklung oder Entfaltung nicht linear. Ich sagte vorhin, dass wir heute wenig über Stationen sprechen, weil bei der Betrachtung von Stationen oder Stufen oft eine Wertung hineinschwingt, die in der heutigen Zeit der Leistungsgesellschaft zum Hindernis werden kann. Stationen sind zum Beispiel die Stufen der Liebe. Bhai Sahib schildert Frau Tweedie diese Stufen in wunderbaren Bildern: Frauen tragen Krüge mit Wasser auf dem Kopf, sie verschütten kein Wasser, und sie zerbrechen auch die Gefäße nicht. Und wenn doch mal eines zerbricht, ist das kein großer Verlust, man kann ein neues besorgen. Die zweite Stufe der Liebe zeigt er im Bild der Akrobaten – sie gehen schon ein Risiko ein, benutzen aber noch Tricks zu ihrer Sicherheit. Im dritten Bild erzählt er von den Insekten, die die Ersten sein wollen, um sich in das Licht einer Lampe zu stürzen.

Der Begriff der Stufen oder Stationen ist wirklich irreführend. Entwicklung ist spiralförmig, und wir durchlaufen Stufe eins, zwei, drei auf den unterschiedlichen Ebenen neu. *Und* es ist durchaus eine Gesamtbewegung, die den Menschen durch Stufe eins, zwei, drei durchführt, aber es kann vorkommen, dass plötzlich ein bis dahin unbeachteter Teil des Menschen im Bewusstsein auftaucht und die Stufen neu durchläuft, während andere Teilbereiche des Menschen schon ganz in der Liebe ruhen.

Innerhalb der einzelnen Stationen nun, wenn wir bei dem Begriff bleiben, werden in der Tradition Erfahrungen beschrieben, die als Zustände bezeichnet werden. Nehmen wir zum Beispiel das Jojo-Prinzip. Diese Zeiten des inneren Aufgehobenseins und dann plötzlich wiederum die Zeiten, in denen die große Trennung erfahren wird. Alles fliegt innerlich auseinander, man fühlt nichts, ist in dieser Wüste, dieser inneren Grauzone. Frau Tweedie hat gesagt, es gibt diese ungeheure innere Reibung, um die Gegensätze überhaupt erst ins Bewusstsein zu bringen, in ihrer vollen Tragweite, um aber auch die Kraft zu erzeugen, die Gegensätze zu verbinden. Wir sind auf diesem Pfad einem großen psychischen Druck ausgesetzt. Im Zen ist vielleicht das stundenlange Sitzenmüssen die Herausforderung für den Menschen. Bei uns – wir sitzen zeitlich gesehen weniger – ist der psychische Druck die Stelle, wo wirklich gerieben wird, wo wir zu Staub zerrieben werden.

Das Jojo-Syndrom

Die Geschichte des Namens Jojo-Syndrom oder Jojo-Prinzip ist typisch dafür, wie Frau Tweedie gearbeitet hat: Er ist in ihrer Küche in einem Gespräch beim Tee entstanden. Und dann blieb er, weil er so anschaulich diesen Wechsel der Zustände beschreibt, die Menschen auf dem Pfad erfahren.

In der klassischen Sufi-Literatur werden *bast* (das Jo-Jo ist oben) und *qabd* (das Jo-Jo ist unten) unterschieden. Diese beiden Zustände bilden einen Rhythmus, eine Bewegung, sie folgen einander – nicht direkt, aber in Stetigkeit.

Bast bedeutet von der Wurzel her weiter werden, sich ausdehnen. Gott ist nahe in diesen Zeiten. Frau Tweedie beschreibt diese Zustände der Freude – die eine Freude, in der sie die ganze Welt umarmen könnte, und die andere, die sie still im Herzen fühlt. Es ist der Zustand, in dem die Dichter die Schönheit des göttlichen Geliebten besungen haben, den man dann wahrnimmt, innen, und im Licht alles Geschaffenen.

Qabd bedeutet Pressung. Es ist das Zusammenpressen der Seele, der große innere Druck, unter dem der Wanderer und die Wanderin manchmal stehen, wo man »seine Wohnung in einem Nadelöhr aufschlägt«, wie Attar es beschreibt. Wochen, manchmal auch Monate, verbringen wir in der Wüste, jener dunklen Nacht der Seele, wie Johannes vom Kreuz den Zustand nennt. Er ist schwer auszuhalten, weil er die tiefe Erfahrung nicht nur der Dunkelheit, sondern vor allem der Abwesenheit von eigenem Willen, eigener Kraft, eigener Handlungsmöglichkeit darstellt. Wir können nichts tun, nichts hilft, keine Ablenkung, keine Ergründung des Zustands wie zum Beispiel mit Hilfe der Psychotherapie bei einer Depression. Das ist für uns westliche, an ständiges Handeln gewöhnte Menschen eine gewisse Herausforderung. »Nach dem System wird der Shishya (Schüler) ständig zwischen den Gegensätzen, zwischen Höhen und Tiefen, hin- und hergerissen. Das schafft die nötige Reibung, um Leiden hervorzubringen, welches schließlich den Verstand besiegt.«[*] Die Reibung entsteht durch das »Säubern« des Herzens; alte Eindrücke, Erfahrungen, Bilder und Vorstellungen werden gleichsam hinausgefegt, damit der Herzensraum leer wird. Das ist erfahrungsgemäß ein schmerzhafter Prozess.

Wir haben jetzt über Stationen und Zustände gesprochen, was gibt es noch für weitere Merkmale des Pfades, die dir wichtig zu erwähnen sind?

Wir haben eine hohe Ethik. Bhai Sahib gab Frau Tweedie einige Anweisungen. Aber eigentlich lehrte er mehr durch das eigene Beispiel. Es ist eine Ethik, die aus der Stille kommt, aus dem Herzen erwächst. Die nicht von außen vorschreibt, sondern derer man sich gewahr wird – im Laufe des wirklichen Erwachsenwerdens, des Erwachens des universellen Bewusstseins. So versteht man: Wenn ich den anderen verletze, verletze ich mich selbst. Wenn ich anderen schade, schade ich mir selbst. Es gibt ja

---

[*] Irina Tweedie, a.a.O., S. 237

keine wirkliche Trennung. Aber die Ethik ist wirklich hoch – wenn man zum Beispiel einen Stuhl zuviel hat, einen, den man nicht braucht, so heißt es, raubt man, besitzt man zuviel.

Diese Ethik ist ganz lebendig, entspringt der Gegenwärtigkeit des Herzens. Ganz im Unterschied zur Moral, die feste Regeln setzt, Prinzipien einhält, ohne Bezug zur gegenwärtigen Situation. Während du erzählt hast, fiel mir eine Geschichte mit Frau Tweedie ein. Es war in Eyendorf beim ersten Sufi-Camp mit ihr. In der Nähe gab es einen Bauernhof und dementsprechend viele Fliegen. Bevor wir meditiert haben, hat Frau Tweedie die Fenster geschlossen und die Fliegen erschlagen. Natürlich kamen die empörten Blicke – von wegen niemanden verletzen, Frau Tweedie tötet Tiere – also die ganzen erhobenen Zeigefinger. Frau Tweedie sagte dann nur: »Was ist das höhere Gut, das höhere Ziel?« Das höhere Ziel war, dass die, die am Anfang standen mit der Meditation – und wir waren alle damals Anfänger – in Ruhe meditieren konnten. Die Ethik ist – anders als die Moral – immer in einem lebendigen Fluss.

Dabei kann es vorkommen, dass Fliegen getötet werden. Das ist ein sehr schwieriges Thema, das große Genauigkeit verlangt. In der Bhagavadgita gibt es einen Dialog zwischen Krishna und Arjuna, der sich mit dieser Frage beschäftigt. Es geht um ein Handeln, das keine Spuren hinterlässt, um ein Handeln, in dem das Ich, das Mein, nicht wirksam ist. Und das weiß nur jeder *in* sich, das ist nicht unbedingt im Außen sichtbar. Die Ethik ist auch für jeden Menschen in ihren Schattierungen verschieden.

Auch in der Situation?

Von der Situation und vom Empfinden her. Es ist wirklich so, dass jeder für sich herausfinden muss, was richtig ist und was nicht richtig ist. Und das ist nicht moralisch zu verstehen. Es verlangt aber einen erwachsenen, bewussten Menschen. Wenn du eingetaucht bist in die Liebe, kannst du gar nicht gegen die grundlegenden menschlichen Regeln der Ethik verstoßen.

> Darum sollt ihr Furcht und Scham von euch tun und alle äußeren Tugenden. Die Tugend allein, die ihr in eurem Innern von Natur traget, die sollt ihr in Ewigkeit finden wollen.*
>
> *Mechthild von Magdeburg*

Von einem weiteren Kennzeichen des Sufi-Pfades – dem »Allein in der Menge« – haben wir indirekt schon gesprochen in deiner Lebensgeschichte.

Ich denke, dass das nicht nur in unserer Tradition so ist, sondern jede Mystikerin, jeder Mystiker ist »allein in der Menge«. Das teilen alle. Aber wir nennen diesen Zustand so, »allein in der Menge« zu sein. Es ist ein Lebensgefühl, ein Zustand, der dem entspricht, wie wenn man stirbt oder geboren wird. Man wird allein geboren und stirbt allein. Wir haben noch ein weiteres Bild, das für mich wunderbar inneres, mystisches Erleben ausdrückt: die Armut des Herzens. Es ist ein innerer Zustand, eine

* zit. aus Sloterdijk/Buber, *Mystische Zeugnisse aller Zeiten und Völker*, München: Diederichs, 1993, S. 135

innere Haltung, in der wir offen, verletzlich, präsent im Augenblick in SEINEM Geist sind. Er beinhaltet tiefes Menschsein, das empfindet, und gleichzeitig leuchtet dieser unverletzbare, ewige Teil im Mensch, der nie angetastet werden kann.

Frau Tweedie war in der Lage, uns die alten Inhalte des Pfades in einfachen, praktischen Anweisungen zu vermitteln. Zum Beispiel: Wir kehren vor der eigenen Tür zuerst. Man sieht ja so schnell die Schattenseite bei anderen Menschen, aber meistens sind das Spiegelungen eigener Schattenanteile. Diese Anteile kann man nur bei sich selbst verändern. Und natürlich ärgern wir uns manchmal über andere Menschen, aber Frau Tweedie sagte, wenn das länger als drei Minuten dauert, dann hat das mit einem selbst etwas zu tun. Dieser Pfad der Liebe ist tatsächlich sehr, sehr praktisch, es gibt so einfache Hinweise. Wenn man sie wirklich ernsthaft durchführt, kann man unglaublich viel lernen. Der Pfad ist praktisch, ist nicht schöngeistige Theorie, sondern es geht wirklich um eine Lebensweise. Nehmen wir noch eine goldene Regel von Frau Tweedie: Tu das, was dich einen Schritt näher zu Gott bringt und lass das, was dich einen Schritt weiter weg von Gott bringt. Wenn man etwas zu entscheiden hat, das kann etwas Großes oder etwas ganz Alltägliches sein, zum Beispiel, ob ich mir diesen Film im Kino ansehe, dann schaue ich in mich hinein. Dabei wird leicht spürbar, ob ich im Moment etwas kompensieren will, ob ich von mir wegrennen will – oder ob zum Beispiel jetzt einfach Spielzeit ist, Zeit zum Entspannen. Wenn der Mensch in sich hineinhört, weiß er haargenau, was ihn näher zu sich selbst bringt und was ihn entfernt.

Wir Menschen in dieser Welt erleben alle hell und dunkel, oben und unten, Zeiten des Leids, Zeiten des Schmerzes, Zeiten der Freude. In Zeiten der Not sind wir angewiesen, durchzuhalten, einfach durchzuhalten. Das ist überhaupt eine der größten Qualitäten, die wir lernen müssen auf diesem Pfad – durchzuhalten. In Zeiten der Freude, in denen es uns gut geht, ist unser Herz voller Dankbarkeit. Später empfinden wir Dankbarkeit für alle Zustände. Wir unterscheiden nicht mehr zwischen hell und dunkel. Man ist mehr Beobachter mit einem in der Stille singenden Herzen. Die Dankbarkeit ist äußerst hilfreich für die innere Entwicklung. Dankbarkeit öffnet das Herz. Nichts ist selbstverständlich.

Was wissen wir?

Wir wissen in Essenz nichts. Bhai Sahib hat das oft betont und gesagt, in Essenz wissen wir nicht. Und das ist wirklich wahr. Alle großen Lehrer, nicht nur Sokrates, sagten, ich weiß, dass ich nicht weiß. Im tiefsten Innern wissen wir nichts. Die Wahrheit kann man letztlich nicht erfassen. Alles, was man mit dem Verstand erfassen kann, ist relativ grobstofflich. Die Wahrheit entzieht sich den Möglichkeiten des Verstandes. Das Herz kann sie erahnen, aber darin liegt immer etwas Geheimnisvolles.

Deshalb erfinden wir Bilder und Konzepte, um wenigstens Erklärungen zu versuchen.

Wir besitzen auf unserem Pfad zum Beispiel ein metaphysisches Verständnis davon, wie der Schöpfer die Schöpfung in einem Akt der Liebe entstehen ließ. Es ist ein Liebesbund. Der Mensch wird geboren mit diesem inneren Wissen, mit dieser Erinnerung. Im Lauf seines Aufwachsens vergisst er, was seine wirkliche Heimat ist, was er wirklich *ist*. Durch die Erfahrungen auf dem Pfad lernen wir, zu diesem Ursprung zurückzukehren. Natürlich ist auch das Bild des Liebesbundes ein Konzept. Alles, was in Worte gefasst werden kann, ist nicht die Wahrheit. Kann es nicht sein, weil Worte auf dem dualen Prinzip beruhen. Die Wahrheit liegt jenseits davon. Aber Worte sind eine Möglichkeit, dass der Mensch versteht, und sie helfen, in eine bestimmte Richtung zu gehen. Sie sind wie eine Brücke, eine Hilfestellung. Diese Worte zeigen in sich auf die Wahrheit, sind aber nicht die Wahrheit. Weil diese namenlos ist. Jenseits des Nennbaren.

> Der Name, der genannt werden kann, ist nicht der wahre Name.
> *Lao Zi*

Es ist übrigens mit allem so, was in der Welt der Erscheinungen ist, alles zeigt in sich auf das Namenlose. Wenn man genau hinschaut – alles. Wir benutzen den Begriff Gott ungern.

Warum?

Weil in unserer Kultur der Gottesbegriff sehr oft mit einem *Bild* in Verbindung gebracht wird. Wenn wir vom Geliebten sprechen, meinen wir etwas, das kein Gesicht hat, keinen Namen hat, keine Form. Das mag paradox erscheinen, wenn wir andererseits von der Liebenden und vom Geliebten sprechen. Wobei das natürlich genauso die Geliebte sein kann, ich bin eine Frau und übernehme gern das Bild vom Geliebten. Letztendlich ist es natürlich *das* Liebende und *das* Geliebte.

Es gibt bei den Sufis diese unglaubliche Liebesmetaphorik, voller reichster, sattester Bilder.

Voller Poesie, mit den Gärten und den Rosen und, und, und.

Erblüht ist die Rose,
und die Nachtigall ist trunken,
kommt, Sufis, kommt,
die ihr dem Weine huldigt!
Das Fundament der Reue,
in seiner Festigkeit
dem Steine gleichend,
sieh, wie der kristallene Becher
es mühelos zerbricht!
In dieser Karawanserei
gibt es zwei Türen zu durchschreiten:
Der Rang der Liebe
ist ohne Leid nicht zu erwerben.
Herz, hadere nicht um Vorteil und Verlust,
denn schließlich ist es doch das Nichts,
das uns am Ende jeden Wegs erwartet!*
Hafis

Ähnlich wie im Hohen Lied.

* zit. aus Hafis, *Liebesgedichte*, Frankfurt/Main: Insel 1984, S. 55, gekürzt

> Im Schatten deiner Locken,
> wie süß schlief doch mein Herz,
> berauscht und voller Liebe,
> so friedvoll, so frei ...*
> *Rumi*

Ja, genau.

Es ist dieselbe Symbolik.

> Rose und Spiegel, Sonne, Mond – was sind sie?
> Wohin wir blicken, war Dein Antlitz nur.**
> *Mir*

Sie birgt auch Reibungsfläche. Es ist auf dem inneren Weg ein großer Schritt, wenn dieser Geliebte, diese Geliebte nicht mehr als etwas Gegenständliches oder Formhaftes gesehen wird. In unserer Kultur kann dies bei einzelnen Menschen auch eine Krise auslösen, weil dieser Gottesbegriff so stark in uns eingeprägt ist. Das ist ein Thema, das unsere Generation mehr betrifft als unsere Kinder. Ich bin noch aufgewachsen in einem Kontext voller Bilder, Gott Vater, Gott Sohn, Gott Heiliger Geist – diese Bilder schwingen in unserer Kultur noch stark nach. Und so stellt sich

---

* zit. aus Rumi a.a.O., S. 39
** zit. aus Schimmel, *Mystische Dimensionen des Islam*, Aalen: Qalandar 1979, S. 324

fast automatisch bei den meisten Menschen ein Bild ein, wenn wir von Gott reden, Christus zum Beispiel. Da ist dann der Mensch hier und das Göttliche dort oben. Erfährt man dann innerlich, dass ES keine Form hat, keinen Namen, keine Eigenschaften, kein Gesicht, dann schwindet dieser innere psychologische Griff nach dem Bild oder nach Hilfe oder Trost oder Hoffnung. Es gibt nichts, an dem wir uns festhalten können, weder Bild noch Name. Das ist eine innere Erschütterung oder Verunsicherung, weil es nichts mehr gibt, wo man die Füße aufsetzen kann. Man ist angekommen, aber auf der Ebene der Erscheinungswelt, der Ebene der Form kann man sich an nichts mehr halten, und zwar überall, immanent und transzendent. Menschlich gesehen, psychologisch gesehen, wird das Lebensgefühl erschüttert. Jede Zelle, jedes Atom in einem selbst wird erschüttert. Es gibt dann nicht mehr das Außen dort und das Innen hier oder Gott da oben und der Mensch da unten. Plötzlich schwindet das alles. Mit Gott schwindet auch der Mensch. Die Vereinigung, die tiefste Versöhnung ist ein Schock. Das ist nicht zwangsläufig für alle so, für manche ist es vielleicht auch einfach ein feines Staunen. Wenn Gott sich auflöst in ETWAS, das einfach IST, dann ist das ein großer Schritt.

Die Verbindung der beiden Welten meint nicht nur, dass wir ein normales Leben führen, arbeiten und Familie haben, sondern darin liegt eine viel, viel tiefere Aussage. Es bedeutet, dass es diese Trennung von Himmel und Erde, von gut und böse, von profan und heilig in der letzten Essenz nicht gibt. Vordergründig heißt es, dass das spirituelle Leben nicht getrennt ist von meinem »normalen«, alltäglichen Leben. Aber wie du eben gesagt hast, dieses weist in allem auf SICH hin, und das bedeutet es auf einer tiefen Ebene, die beiden Welten zu verbinden. Das ist ein Aspekt, der für mich sehr in unsere Zeit gehört.

Am Anfang eines spirituellen Pfades erfahren wir sehr oft eine ungeheure Spannung in uns zwischen der Welt der Erscheinungen, wo wir Probleme haben, wo wir Auseinandersetzungen haben, wo wir unzufrieden sind, aber auch glücklich, wo aber das Glück vielleicht plötzlich genommen wird, und einer spirituellen Welt, die wir als die Heilende, Ganzmachende empfinden. Das kann zuerst durch die *Separatio* zu einer unglaublichen Spannung im Menschen führen, weil man überhaupt nicht versteht, womit das zusammenhängen kann.

In unseren Breitengraden ist das natürlich auch stark kulturell geprägt.
Sehr stark.

In unserer christlichen Kultur war diese Trennung immer sehr ausgeprägt. Die eine Seite wurde verteufelt. Da gab und gibt es eine starke Dualität zwischen den Welten, du hast es anfangs aus deiner Klosterzeit erzählt. So scheint es etwas Kulturspezifisches zu sein, dass wir gerade am Anfang so verloren sind in diesem Sturz in die andere, die spirituelle Welt.
Das ist korrekt. In Indien ist das kaum ein Thema, weil dort die beiden Welten viel mehr verbunden sind.

Bei uns ist Spiritualität überhaupt ein schwieriger Begriff. Wir hatten die Kirchen – als ich klein war, gab es halt die katholische Kirche und die evangelische Kirche oder man war jüdisch oder was auch immer. Aber da war nicht mehr sehr viel Substanz darin, kein wirklich spirituelles Verständnis. Und die Kirchen sind heute vielerorts leer. Durch die Naturwissenschaften mit ihrer verstandesmäßigen Haltung gegenüber der Welt ist die Spiritualität zunächst noch weiter in den Hintergrund gerückt. Heute wird zwar eine andere Bewegung sichtbar, die Naturwissenschaften liefern gleichsam das Material für eine neue Spiritualität. Aber zuerst erleben wir eine große Spaltung. Und es geht darum, diese Spaltung in sich zu lösen, keine Trennung mehr zu machen zwischen innen und außen, zwischen oben und unten. Aber man kann das letztlich nicht *machen*, sondern es geschieht, es wird einem gegeben.

Und doch braucht es Anstrengung. Ja, am Anfang muss sich die Wanderin oder der Wanderer sehr anstrengen. Es braucht ein gewisses Bemühen, eine gewisse Ausrichtung. Schließlich kommt ein Punkt, an dem es leicht wird.

Im Kleinen kann man das ganz gut nachvollziehen. Wenn zum Beispiel jemand noch nie meditiert hat und zu meditieren beginnt, das heißt jeden Tag vielleicht eine dreiviertel Stunde, dann ist das nicht viel Zeit im Verhältnis zu den vierundzwanzig Stunden des Tages. Wenn man dem höheren Selbst, dem Namenlosen, eine dreiviertel Stunde am Tag widmet, ist das eigentlich wenig, bedenkt man, dass es unsere eigene Essenz ist. Am Anfang ist aber selbst diese dreiviertel Stunde mühevoll, man muss sich überwinden, vielleicht einige Wochen lang braucht es wirklich Disziplin. Und dann merkt man langsam, wie es zum Bedürfnis wird. Wie dieses Sitzen zur Quelle wird, an der die seelische Ernährung stattfindet. Dies gilt im Grunde für den ganzen Pfad: Dass man am Anfang eine Anstrengung unternehmen muss, aber nachher geht es leicht. Es ist dann ein Bedürfnis, sich DEM zu widmen. Man wird genährt und getragen. Und es wird wirklich leicht.

Der Ozean holt sich den Tautropfen. Es ist nicht so, dass der Tautropfen in den Ozean fällt oder fließt.

> Das siebte Tal ist Armut dann und Nichtsein –
> Und du wirst aufgehängt, ganz regungslos,
> Und dann – der Impuls kam nicht von dir – wirst du gezogen,
> Ein Tropfen noch, und aufgesogen vom uferlosen Meer.*
> *Attar*

Es ist der Geliebte, der sich mit der Liebenden vereint, die Geliebte, die sich mit dem Liebenden vereint, nicht umgekehrt. Was wir durch unsere Praxis lernen, ist, langsam aufzugehen, langsam wie Wachs hineinzuschmelzen in etwas Höheres. In den Geliebten. In die Geliebte. Und es ist ein Prozess, bei dem die Dinge einfach wegfallen. Wie eine Zwiebel, die sich langsam schält. Sachen, die wichtig waren, werden einfach unwichtig. Es wird weniger und weniger. Es ist ein automatischer Prozess. Automatisch ist vielleicht nicht das richtige Wort, besser wäre: ein organischer Prozess. So wie wenn eine Pflanze, eine Blume, langsam durch den Boden stößt, im Frühling wächst, ihre Blüte öffnet.

Für mich war es immer etwas Besonderes, dass wir zum Göttlichen, zum Namenlosen, einen Liebesbezug haben. Das hat mich zutiefst bewegt und berührt. Ich komme aus der christlichen Tradition, und da gab es Gott Vater, Gott Sohn, Gott Hei-

---

* zit. aus Farid ud-Din Attar, *The Conference of the Birds*, London: Penguin Books, 1984, S.166

liger Geist – Heiliger Geist, mir war nicht mal klar, was das eigentlich ist –, und das war ein Bezug zu etwas, das weit weg war, irgendwo, und hier im Kreis der Sufis sprechen wir vom Geliebten oder der Geliebten, und das ist die innigste, intimste Beziehung, die es überhaupt geben kann. Der Mensch steht zum Göttlichen in einer Liebesbeziehung, das begeisterte mich zutiefst, das befruchtete die Seele.

Auf unserem Pfad arbeiten wir auf der atmischen Ebene. Das spirituelle Leben bedeutet eine Beschleunigung, es wird im Prinzip nur das Herzchakra aktiviert. Unser Pfad arbeitet nur mit dem Herzchakra, das reicht für uns aus. Und danach entfaltet sich sozusagen die ganze Alchemie, die den Heilwerdungsprozess ausmacht.

Das Herzchakra wird aktiviert – kannst du das genauer erklären?

Wenn wir zusammenkommen, meditieren, in die Stille gehen, dann wird der eine oder die andere plötzlich ein Herzklopfen spüren oder manchmal auch ein Herzstechen. Das Herzchakra wird über dieses Gefäß, über diese Art der Meditation, über das *dhikr*, beschleunigt. Spirituelles Leben bedeutet, dass der Mensch sich auf eine höhere Frequenz einschwingt. Wir werden beschleunigt und durch die Beschleunigung kommt alles Mögliche und Unmögliche zum Vorschein. Wir müssen es bearbeiten, müssen es integrieren, um ganz zu werden, um letztlich zu erkennen, wer wir wirklich sind – ES. Aber – wer sind wir, ES zu benennen?

Der Liebesbund

❧

Was ist Hingabe?

Hingabe ist nichts anderes als der eine Schritt weg von sich selbst. Das zulassen, was ist. Und das, was ist, ist göttlich. Es umfasst Himmel und Erde. Es umfasst einfach alles.

Zugleich ist es größte Freude. Für mich ist es der Liebesbund. Wenn man aus einer Beobachterperspektive schauen darf und kann, dann entfaltet sich die Schöpfung in ihrer ganzen Vielfältigkeit. In ihrer Fülle. Frau Tweedie hat oft gesagt: »Jeder Mensch ist einzigartig. Der Künstler macht kein Bild zweimal. Jedes ist einzigartig.« Darin empfinde ich so eine Liebe und so eine Fülle, so eine Schönheit. Die ist überwältigend. So wird auch verständlich, dass jeder Mensch um seinetwillen geliebt ist. Nicht, weil er das oder jenes tut oder macht, sondern er ist geliebt, so wie er ist. Und so wie er war, bevor er war. Das ist der Liebesbund.

In der Zeit, als ich diesen Schlag von Frau Tweedie bekommen hatte, kam ich unter einen unglaublichen inneren Druck. Jeder auf dem Pfad erfährt das irgendwann. Er kommt an die ursprüngliche Spaltung heran. Denn jeder Mensch hat in sich ein Empfinden für das Ganzsein, für das Heilsein, für ungetrennte Liebe, für das Eine. Wir tragen ES alle im Herzen.

Wir werden in diese Welt hineingeboren und erleben an irgendeinem Punkt eine Spaltung, weil diese Welt der Erscheinung auf dem dualen Prinzip basiert. Das ist sehr oft der Punkt, an dem wir uns nicht mehr geliebt fühlen, verstoßen, nicht akzeptiert. Es ist meistens ein unbewusster Prozess, eine tiefe innere Erschütterung. Und wir beginnen, uns damit zu identifizieren, weil wir diese Welt für real halten. Es ist eine Art Kernspaltung. Wie wir auf diese »Kernspaltung« reagieren und auch die Spaltung selbst, muss uns bewusst werden.

Zum Beispiel fühlte ich mich seit frühester Kindheit nicht akzeptiert. Meine Schattenreaktion darauf war, möglichst viele Dinge gut zu tun, um diese Liebe, um diese Aufmerksamkeit zu bekommen, um dieses Akzeptiertwerden zu erfahren. Das ist nicht nur eine persönliche Angelegenheit, das ist fast archetypisch. Man kann beobachten, wie sich dieses Muster durch ganz verschiedene Lebensbereiche zieht. Natürlich hatte ich immer gehofft, dass Frau Tweedie mich akzeptieren würde. Tatsächlich hat sie aber diese Wunde nicht zugeschüttet, sondern sie hat mich im Gegenteil da nochmals hineingeworfen. Mir wurde dadurch diese Kernverletzung bewusst, und damit fand eine Heilung statt, in einem ganz tiefen Sinne.

Ich hielt mich selbst in einem inneren Bild während der Meditation als kleines Kind im Arm und umarmte mich zärtlich und erfuhr auf diese Weise symbolisch, wie wir wirklich in unserem Sosein geliebt sind und die Liebe nie von außen kommen kann, sondern in uns selbst zu finden ist.

Die Erfahrung der Liebe schwang langsam durch mein ganzes Sein hindurch. Ein Schleier lüftete sich. Ich verstand zutiefst, wie die ganze Schöpfung nichts als Liebe ist. Das ist eine ungeheure

Befreiung, wenn wir das erfahren. Man muss es nicht mehr nach außen projizieren und von anderen erwarten, dass sie einen lieben. Aber vor allem ist da eine innere Erfüllung, ein Getragensein, ein leises Singen. Es ist ein rein innerer Prozess, unabhängig von äußerem Geschehen, der sich später im Außen auswirkt – nicht, indem sich äußere Umstände zwangsläufig verändern, sondern in der Art und Weise, wie wir die Erscheinungswelt wahrnehmen. Was will man noch mehr? Es ist wirklich eine große Befreiung, eine Gnade. Das größte Geschenk, das einem Menschen gegeben werden kann. Weil man dann frei ist.

Dieser Aspekt ist auch im Buch von Frau Tweedie essentiell und viele auf dem Pfad erfahren das. Das ist die Verheißung in der Arena der Liebe, mit dem Prozess des Stirb und Werde diese Liebe zu erfahren. Bei mir ging es allmählich, sanft und fein. Die Liebe hat tausend Gesichter und jede und jeder wird sie auf ihre oder seine Weise erfahren. Sie ist die göttliche Nahrung. Damit kann man wirklich leben. Und damit, würde ich sagen, beginnt das Leben. Stirb und werde. Damit hat es zu tun.

Und dann spürte ich etwas tief in mir – zuerst unmerklich nach der langen Zeit der Wüste. Erst geschah es im innersten Sein und danach, in einer weiteren Phase, in der äußeren Welt. Ich habe schon davon gesprochen, dass die Entwicklung hier beginnt, bei jedem von uns. Die Wandlung der Welt kann nur aus dem Inneren des Menschen entstehen.

Aber ich wusste nicht, was es war. Als ob eine Frucht langsam überreif wird und bald fallen muss. Doch sie fiel und fiel nicht. Irgendwo im Innern war da ein Stoßen und Drängen, aber ich wusste nicht, was es war. Dies geschah während der schweren Zeit, von der ich erzählt habe.

Im Winter 1990 brach es dann mit Vehemenz durch, und mir wurde klar, dass ich diese Arbeit, die ich jetzt mache, zu tun hätte. Ich hatte nie zuvor an so etwas gedacht. Das war für mich jenseits des Vorstellbaren gewesen. Es kam aus heiterem Himmel.

Ich schrieb Frau Tweedie und sie schrieb mir sofort zurück. »Ja, so ist es. Beginne!«

Das war der Beginn dieser »Arbeit«, und es war für mich einfach Das. Ich war angekommen. Das war ein großer Wendepunkt. Damit haben auch alle Träume, diese fast prophetischen Träume, aufgehört. Das war ein innerer Schnitt, ein innerer Wechsel.

Von da an war ich auch wieder frei gegenüber Frau Tweedie. Da war immer noch eine leise Furcht, aber es war wieder ein Zugang möglich. Bis zum Schluss habe ich unglaublich viel Unterstützung von ihr erfahren. Sie hat mir unsagbar viel geholfen. Ich durfte alles fragen, endlos fragen. Bis zu ihrem Tod ging ich ja weiterhin zu ihr, monatlich drei, vier Tage. Es war nochmals eine andere Phase, die ich mit ihr erleben durfte.

Ihre Krankheit, ihr Oberschenkelhalsbruch, fiel auch in diese Zeit hinein. Der Abbau ihrer Körperkräfte begann. Sie hatte einmal gesagt: »Für diejenigen, die mich sehen, wie ich langsam zerfalle, ist das eine große Chance.« Es war für uns ein weiteres Wachstum damit verbunden, nämlich spirituell erwachsen zu werden. Einerseits ihr menschliches Dasein zu sehen, wie der Körper zerfällt, manchmal war auch ihr Geist nicht ganz klar. Dies zu ertragen, mit dem großen Vorbild im Herzen, mit den Vorstellungen und Erwartungen gegenüber einer Lehrerin, auch mit den Projektionen ... Es war eine Zeit, in der ich die letzten Projektionen auf die Lehrerin zurücknehmen musste; lernen durfte, was menschlich ist und was göttlich ist im Menschen. Auch das Kleine zu sehen, ohne das Große zu verlieren. Und andererseits das Große wirklich groß zu lassen und das Kleine als Teil des menschlichen Daseins zu akzeptieren, mit hineinzunehmen. Frau Tweedie hatte ja immer ihre menschliche Seite gezeigt. Das erlebte ich auch in jener Zeit, als sie die Gruppe noch empfing, als sehr wohltuend. Weil sie uns teilhaben ließ an ihrem Prozess, an ihrer Erkenntnis, an ihrem Weiterwachsen. Sie bezeichnete sich selbst auch nie als Lehrerin. Sie verwies immer auf Bhai Sahib, ihren Lehrer. Durch ihr Sich-Öffnen, zum Beispiel, dass sie Angst habe vor der Augenoperation, vor den großen Schmerzen, vor der drohenden Blindheit, dass sie uns dies alles mitteilte, uns daran teilhaben ließ, dadurch machte sie sich für uns menschlich zugänglich. Sie war nicht überpersönlich, nicht jenseits des Erreichbaren. Nicht jenseits davon, dass auch wir jemals heil werden oder ganz werden könnten. Es war eine große Gabe von ihr, uns das zuteil werden zu lassen. Aber als am Schluss nur noch sehr wenige Leute zu ihr gehen durften, war das nochmals eine andere Dimension. Da ging es wirklich um den Zerfall. Das mitanzusehen, zu ertragen und daneben wieder diese absoluten Lichtmomente in einer Intensität und Größe zu erleben, dieses Nebeneinander und Miteinander – das war schon eine tiefe Schulung. Ich würde das heute als spirituelles Erwachsenwerden betrachten. Sie bereitete uns damit vor, wirklich selbst verwurzelt zu sein im eigenen Licht. Sie hat mir sehr oft die letzten Worte Buddhas gesagt: »Folge deinem eigenen Licht, Ananda.« Immer wieder hat sie mir das gesagt.

Diese Zeit war für mich sehr, sehr kostbar. Ich konnte sie ganz viele Dinge fragen, was Menschen betraf, was meine »Arbeit« betraf, was mich selbst betraf in meinem inneren Wachstum. Ich empfand Frau Tweedie bis zum letzten Moment als den schönsten Menschen, dem ich je begegnet war. Trotz ihrer 92 Jahre waren ihr Gesicht, ihre Augen, ihre Hände manchmal so von Licht durchtränkt, dass es mir fast den Atem verschlug. Und die Stille, wenn wir zusammen meditierten – wir meditierten bis zum Schluss zusammen –, die war von solch einer Qualität, von unendlicher Tiefe. Man kann es eigentlich gar nicht beschreiben. Diese Stille bei ihr war jenseits des Nennbaren. Ich verdanke ihr so vieles. Tiefer Respekt und Liebe ist das, was zurückbleibt. Mein Herz ist zu ihren Füßen.

Die Lehrerin – der Lehrer

❧

Welche Rolle spielt die Lehrerin, der Lehrer?

Ich stelle heute eine gewisse Weiterentwicklung dieses pfadlosen Pfades fest. Das Thema Lehrer bleibt jedoch ein großes Thema, nicht nur auf unserem Pfad. Ich denke, es ist wichtig, auch diesen Aspekt im richtigen Blickwinkel zu erfassen. Der Lehrer, die Lehrerin ist zunächst nichts anderes als ein Wegweiser. Jeder, der einen spirituellen Weg geht, muss den Pfad selber gehen. Es ist ein Pfad für Erwachsene. Die Selbstverantwortung bleibt zu einem großen Teil bei derjenigen oder demjenigen, die oder der den Pfad betritt. Bei uns gibt es wenig äußere Anweisung. Der Wanderer muss in sich selbst hineinschauen, er muss selbst gewisse Schritte unternehmen, er muss sich selbst die Disziplin, die nötig ist, aneignen. Das ist das Äußere.

Innen gibt es viel Hilfe. Dafür ist die Lehrerin das Gefäß. Es gibt viele Dinge, die auf dem Pfad geschehen, die wir nicht erklären können, die *geh heim* nisvoll sind. Letztlich ist das, was der Schüler oder die Wanderin selbst tun, ein Geringes zu dem, was ihm oder ihr gegeben wird. Der Lehrer ist eine Art Brennpunkt, ist Katalysator. Der Lehrer, die Lehrerin ist der Spiegel, ist jemand, der oder die helfen kann, Dinge einzuordnen, wenn mystische Erfahrungen gemacht werden, die in dieser Welt nicht erklärt werden können. Wenn innere Welten sich eröffnen oder auftun oder abstürzen, dann ist der menschliche Lehrer da, um zu helfen.

Ich denke, die Funktion des Lehrers hat sich im Laufe der Zeit auch verändert. Von Bhai Sahib wissen wir den Namen nicht. Sein Beispiel ist beispiellos. Wir haben ihn auch nicht erlebt, ich habe ihn nicht erlebt. Er lebt durch das Zeugnis von Frau Tweedie. Es lebt in uns. Frau Tweedie durften wir benennen, mit Namen.

Wohlgemerkt mit Nachnamen.

Nur mit Nachnamen, aber wir durften sie benennen. Ich denke, darin spiegelt sich auch etwas wider, nämlich, dass der Lehrer oder die Lehrerin, dem Schüler, der Schülerin näher kommt – als Erscheinung unserer Zeit. Die Distanz wird scheinbar kleiner. Vielleicht befindet sich auch die Menschheit allgemein in einem evolutionären Prozess, in dem es langsam ans Erwachsenwerden geht und in dem die Distanz von Lehrer – Schüler einen anderen Spielraum erhält.

Du wirst schon beim Vornamen genannt.

Ein weiterer Schritt. Bei der Lehrerin, beim Lehrer geht es nie um die Person, das ist ein ganz zentraler Punkt. Sie oder er ist der leere Raum, der auf den leeren Raum im Schüler weist. Der Lehrer oder die Lehrerin ist zunächst etwas Äußeres, das auf den inneren Lehrer hinweist. Das Ziel der Schulung ist es, dass der Mensch sein Licht lebt. Er lässt – auf eine Weise – den Lehrer hinter sich, er lässt den Pfad hinter sich in letzter Instanz. Im Zen heißt es: Töte Buddha, wenn du ihn triffst.

Zu wenig Projektion in den Lehrer reicht nicht, zu viel Projektion in einen Lehrer kann schädlich sein. Meistens durchläuft der Schüler einen Prozess, in dem er im Lehrer das verwirklicht sieht, wonach er sich selbst unendlich sehnt. Der Lehrer überbrückt sozusagen diese Projektion, trägt sie, damit sich das Vertrauen in der Schülerin, im Schüler festigen kann. Das Vertrauen in dieses Licht, das der Schüler letztlich in sich selbst trägt und über den Lehrer gespiegelt sieht. Zum geeigneten Zeitpunkt – manchmal wird es durch Träume sichtbar, manchmal geschieht es von allein – muss die Projektion zurückgenommen werden, weil der Lehrer nichts anderes ist als ein Hilfsmittel, der Wegweiser.

Als würde er dem Schüler die Adresse geben, wenn der nach einem bestimmten Zuhause sucht. Wie ein Bergführer hat er Erfahrung im Gelände und sagt: »Geh da, jetzt musst du nach links abbiegen, Achtung, da kommt plötzlich ein Erdrutsch, steh still, warte einen Moment.« Ist die Schülerin angekommen, sind diese Anweisungen überflüssig. Wir verehren einen Lehrer nicht, wir respektieren ihn aus tiefstem Herzen und sind voller Dankbarkeit. Aber *verneigen* tun wir uns nur vor dem EINEN.

Mir ist es wichtig, dass das zurechtgerückt wird, weil in der heutigen Zeit eine Menge Unsicherheit in diesem Bereich besteht. Für mich ist Frau Tweedie Leitfaden und Vorbild, was Lehrerinsein betrifft. Sie hat sich selbst nie als Lehrerin bezeichnet. Ich fühlte mich immer frei. Es entspricht der Tradition, dem Schüler die größtmögliche Freiheit zu geben. Da war nie eine Bindung persönlicher Art, in keinster Weise. Sie war ein leeres Blatt, ein weißes Blatt, leerer Raum. Das war's. Wenig Anweisungen. Die Art und Weise, wie sie Menschen führte, ist für mich beispielhaft. Es war einfach leerer Raum, und das ist für mich die höchste Form des Lehrens. Die wirkliche Schulung geschieht in der Stille. Worte können sehr hilfreich sein, aber die eigentliche

Lehre findet in der Stille statt. Sie ist die mächtigste Form der Schulung. Frau Tweedie hat uns gesagt, dass wir uns nachts treffen und dort die eigentliche Schulung stattfindet.

Frau Tweedie hat in ihrem Buch, ihrem Tagebuch, ganz essentielle Dinge weitergegeben, gleichsam als Fackel weitergetragen. Ich kenne jemanden, der vor zwei Jahren in Ladakh war und dort Sufis begegnete, die Bhai Sahib kannten. Es waren Naqshbandiyya-Sufis. Sie bezeichneten ihn als einen großen leuchtenden Lehrer.

Äußerst bemerkenswert ist, dass er einer Frau die Weiterführung der Naqshbandiyya-Mujaddidiyya Sufi-Linie übertragen hat. Das ist außerordentlich, wenn man den Kontext anschaut. Ich konnte vor drei Jahren einen Brief einsehen, in dem ein Naqshbandi-Lehrer aus Usbekistan auf Frau Tweedie bezogen schrieb, eine Frau könne nie die Sufi-Lehre weitertragen. Es ist also immer noch nicht selbstverständlich, dass die Geschlechter ebenbürtig behandelt werden. Das findet man übrigens auch im Buddhismus oder wenn man unsere Kirche anschaut – es gibt immer noch keine katholischen Frauen, die Priesterinnen sind. Wir finden dieses Muster überall. Aber Bhai Sahib hat das anders gemacht.

Noch etwas ist für mich sehr eindrücklich an seiner Lehrerqualität: Er hat die Essenz der Lehre so zusammengefasst, dass die spezifischen Eigenheiten des Pfades überschritten werden und er in das hineinführt, was Bhai Sahib nannte – es gibt nichts als das Nichts. Hierin sehe ich den Ansatz einer universellen Spiritualität, da alle direkten Erfahrungen Gottes in diese Aussage hineinmünden. Das wird außerordentlich wichtig sein für die Weiterentwicklung in der heutigen Zeit. Er hat damit einen Akzent gesetzt, und Frau Tweedie hat ihn so weitergegeben. Es ist ihr Verdienst, dass sie das zur damaligen Zeit erfassen und uns weitergeben konnte. Meister Eckhart mit seinem »weglosen Weg« sagt genau dasselbe – Gott ist Nichts.

> Wer von Gott in irgendwelchem Gleichnis redet, der redet auf unlautere Weise von ihm. Wer aber mit nichts von Gott redet, der redet zutreffend von ihm. Wenn die Seele in das Eine kommt und darin eintritt in eine lautere Verwerfung ihrer Selbst, so findet sie dort Gott als in einem Nichts.*
>
> *Meister Eckhart*

Ich kenne ein wenig die buddhistische Tradition, dort ist es ähnlich formuliert.

Damit gelangen wir in die Dimension der Grunderfahrung des Menschseins, bei der es darum geht, Mensch zu sein, nicht einfach Sufi oder Christ oder Hindu, sondern Mensch. Es ist ein Pfad, der so alt ist wie die Menschheit, und hier schließt sich ein Kreis. Hier kommen wir zu einer kosmischen Religion, einer transkonfessionellen Spiritualität.

Was verstehst du unter kosmischer Religion, unter transkonfessioneller Spiritualität?

Dass zunächst ein Dialog zwischen den Menschen entsteht, die den Urgrund allen Seins erfahren durften und damit im universellen Bewusstsein Zuhause sind. Aus diesem Dialog, aus diesem Austausch heraus findet sich vielleicht als erstes eine

---

* zit. aus Schmid, a.a.O., S. 46

Sprache, durch die das Eigentliche klar und licht ausgedrückt werden kann. Es ist ein Prozess – jenseits von Institutionen –, der in Gang kommen wird.

Ich sehe einfach auf unserem und auf anderen Pfaden eine bestimmte Entwicklung, dass vieles gleichsam abgeschält wird. Das, was kulturspezifisch, geschichtlich jeweils mitgetragen wurde, fällt mehr und mehr ab, und wir dringen relativ schnell zur Kernpraxis vor. Ich denke, dass jeder Pfad so eine Art Kernpraxis hat. Und ich könnte mir vorstellen, dass eine kosmische Religion diese Kernpraxen zusammenstellt und sie Menschen zur Verfügung stellt und diese selbst auswählen, welche davon ihnen und ihrer inneren Alchemie am besten entspricht. Es geht nur darum, dass der Mensch sich selbst und damit ES erkennt – *wie* er das tut, ist eigentlich sekundär. Was aber nicht heißt, dass es nicht ein heikler Prozess ist, der sehr sorgfältig und tief reflektiert vollzogen werden muss. Die Essenz der Pfade muss erhalten bleiben.

Wir stehen allerdings noch sehr am Anfang. Das Erste ist jetzt wohl, dass ein Austausch auf tiefer Ebene stattfindet, ein Dialog, und zwar nicht nur ein interreligiöser, bei dem jede Linie neben der anderen steht und anerkannt wird, sondern tiefer gehend, vielleicht durch gemeinsame Meditation und genaue Einblicke, was dem Menschen hilft, sich selbst auf einfache und schlichte Weise erkennen zu können.

Das ist etwas, was heute aktuell ist. Wir Sufis sagen ja, dass es drei Reisen gibt – die Reise *von* Gott, bei der wir vergessen haben, wer wir wirklich sind, wer ES ist. Dann die Erinnerung an den Liebesbund, der Pfad der Liebe, das ist eigentlich nichts anderes als die Reise *zu* Gott. Da gibt es dann nochmals eine

Schwelle, wo die Reise *in* Gott stattfindet. Und darüber wurde bis jetzt wenig gesagt.

Weil niemand mehr da ist, der von dort zurückkommt.

Nein. Es war nicht die Zeit. Es war noch nicht an der Zeit. Ich denke, es gibt auch dort, im Übergang, wenn man zurückkommt, eine Art leiser Sprache. Es ist eine Sprache, die universell ist. Guruji hatte sie gesprochen. Frau Tweedie setzte den Akzent auf die Reise *zu* Gott.

Und die Reise *in* Gott wird mehr und mehr von Bedeutung. Wurde nicht gesagt, von Karl Rahner, Ayya Khema und anderen, wenn der Mensch nicht zum Mystiker wird im 21. Jahrhundert, wird die Menschheit nicht überleben. Das mag sein oder nicht sein, auf jeden Fall stehen wir in der Evolutionsgeschichte des Menschen an einem Übergang. Jean Gebser hat die Geschichte des Menschseins in einzelne Bewusstseinsstufen unterteilt. In seiner Betrachtungsweise kommen wir aus einer linear mentalen Bewusstseinsebene jetzt in Berührung mit einem universellen oder transpersonalen Bewusstsein – die Terminologie ist noch offen –, in dem wir innerlich erfahren, dass wir nicht getrennt sind, das heißt, wir erfahren das All-Eine Bewusstsein, das sich in jedem Wesen, in jeder Erscheinung der Welt manifestiert. Diese Dimension hat mit der Reise *in* Gott zu tun. Das ist der nächste Schritt, der eine Sprache, einen Ausdruck finden wird. Im Buch von Frau Tweedie ist dies bereits so angelegt. Es ist wie ein leuchtender Stern.

Aber zuallerletzt müssen wir alles hinter uns zurücklassen. Es gibt weder Schüler noch Lehrer, noch einen Pfad, noch irgendetwas, das man wirklich benennen kann.

Lebendige Tradition

❧

Ich hatte heute Nacht ein Bild, wie sich die Ströme der mystischen Traditionen wie ein Netz über unsere gesamte Erde und darüber hinaus ziehen. Das Sufitum – der namenlose Pfad – hat eine Art von »Farbe«, die bestimmte Menschen anzieht, in der sich bestimmte Menschen Zuhause fühlen. Ich denke, dass wir jetzt ein paar Punkte von dem herausgreifen, was diese Tradition ausmacht.

Ja, das ist gut. Bei mir ist eigentlich dasselbe in der Nacht geschehen. Ich habe dieses Rad aufgezeichnet:

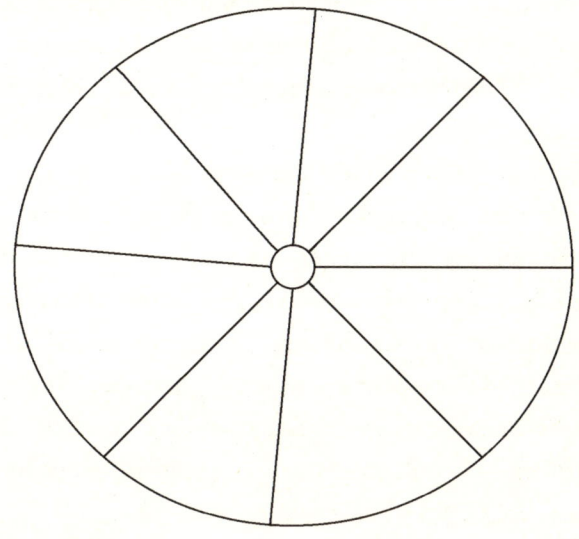

Das äußere Rad – das ist der Mensch, der meistens hier rundherum geht, wenn er keinen Pfad und keine Richtung hat, die ihn zu sich selbst führen. Doch worüber wir jetzt sprechen wollen, ist die Speiche, die in den leeren Raum – die Nabe – führt. Das ist die Aufgabe eines jeden mystischen Pfades, und in diesem Bereich (zwischen Außen und Nabe) muss er natürlich definiert werden.

Auf unserem Pfad geht es um die Erfahrung der Wahrheit. Es ist ein pfadloser Pfad, ein mystischer Pfad. Wenn wir jetzt diese Speiche betrachten, so ist die Farbe goldgelb, die Note D, und dahinter steht eine Tradition, das heißt, es gibt eine Linie von Meister zu Meister zu Meister, in der das Wissen, die Weisheitslehre, weitergegeben wird. Es ist der Pfad der Liebe. Zuerst habe ich gesagt, ein Sufi ist jemand, der nicht ist, der niemand ist. Meine zweite Antwort ist, ein Sufi ist ein Liebender oder eine Liebende. Charakteristisch für unseren Pfad ist, dass er still ist, aus der Stille heraus wirkt, dass die ganze Praxis in Stille geschieht. Die Meditation ist eine yogische Übung, um den Verstand still werden zu lassen, sie ist ein Eintauchen in die Liebe. Darum wird er Pfad der Liebe genannt. Wir versinken darin und vergessen uns.

Die zweite Praxis ist das Mantrasagen, das *dhikr*. Auch das wird still ausgeübt, von außen kann kein Mensch sehen, ob man etwas praktiziert oder nicht. Es ist ein Wort – *Allah* –, was die meisten auf diesem Pfad als *dhikr* sagen. Interessant ist, dass die Dhyana-Meditation mehr aus der indisch-hinduistischen Tradition stammt. Unser Naqshbandi-Zweig, die Naqshbandiyya-Mujaddidiyya ist über Indien zu uns gekommen. Im *dhikr* ist noch mehr das orientalische Erbe sichtbar. *Allah* ist ein arabisches Wort, es ist älter als der Islam und in seiner innersten Bedeutung bedeutet es *das Nichts*.

Dhyana-Meditation

Dhyana ist ein Begriff aus dem Sanskrit und bedeutet Versenkung, die Ausschaltung aller von außen kommenden Eindrücke und der inneren Wahrnehmungsvorgänge. Diese Meditation ist also eine bewusstseinsentleerende Übung; in der christlichen Tradition wird sie als höchste kontemplative Übung überhaupt bezeichnet. Die Anweisungen dazu sind sehr einfach.

Es gibt keine bestimmte Körperhaltung, so kann man diese Meditation üben, egal ob man gesund oder krank ist. Wichtig ist, dass der Körper entspannt ist.

Wir wenden uns nach innen, gehen tief in unser Innerstes. Werden still. Tauchen ein in das Gefühl der Liebe, versinken darin mit Haut und Haar. Unser ganzes Wesen ist in Liebe aufgenommen.

Und dann werden wahrscheinlich Gedanken auftauchen, Erinnerungen, Bilder. Und wir packen in unserer Vorstellung diese Gedanken und Emotionen und ertränken sie in der Liebe.

Die Liebe ist die höchste Kraft im ganzen Universum, sie vermag alles in sich zu wandeln.

Das Fahrzeug ist also denkbar einfach. Ein weiteres Merkmal unseres Pfades ist, dass die Menschen mitten im Leben stehen. Wir sind berufstätig, haben Familie, sind ganz normale Menschen. Wir sondern uns nicht ab und tragen keine bestimmte Kleidung.

Dazu kommt der Lehrer. Er ist der Brennpunkt. Ich nannte aber zuerst das Fahrzeug, weil es möglich ist, dass ein Schüler, eine Schülerin wenig Zugang zum Lehrer, zur Lehrerin hat, aus welchen Gründen auch immer – sei es, dass er, sie zu weit weg wohnt oder Verpflichtungen hat, die es unmöglich machen, den Lehrer, die Lehrerin öfter zu sehen. Manchmal reicht eine Begegnung.

Meine Erfahrung zeigt, dass *jeder* Weg, den ein Mensch wirklich ernsthaft geht, zum Ziel führt. Davon bin ich absolut überzeugt. Die Ernsthaftigkeit des Schülers oder Wanderers oder Pilgers ist von zentraler Bedeutung.

Was wir zusätzlich auf unserem Pfad noch verwenden ist die Traumarbeit; sie hat eine lange Tradition. Die Traumarbeit ist ein wunderbares Instrument. In der Sufi-Tradition wurden früher oft Geschichten erzählt, um den Menschen mit Beispielen Situationen zu erklären, erfahrbar zu machen. Diese Funktion hat heute teilweise die Traumarbeit übernommen.

In der Traumarbeit geschieht etwas Ähnliches wie in den Geschichten – es wird nicht direkt gelehrt. Der Lehrer spricht zur Tür und meint das Fenster. Auf der einen Seite ist das geheimnisvoll, auf der anderen Seite drückt es tief den Respekt vor dem Menschen aus. Die Lehrerin sagt nicht, du musst jetzt endlich dies oder jenes lernen, sondern es wird durch das Traumsymbol oder die Geschichte gesagt. Oder der Lehrer, die Lehrerin sagt etwas zu irgendjemand anderem und wenn man Ohren hat zu hören – wie du betont hast, ein Weg für Erwachsene –, dann spitzen sich in dem Moment in einem selber die Ohren, und man weiß genau: Oh, das war jetzt für mich.

Das stimmt, dieser tiefe Respekt, diese Liebe für den Menschen drückt sich geheimnisvoll auf diese Weise aus. Der Mensch wird unendlich geliebt und respektiert für das, was er ist. Auf diese Weise wird heute die Traumarbeit auch verwandt. Es ist eigentlich genial, wie Frau Tweedie die Traumarbeit übernommen, in der Gruppe eingesetzt und intensiviert hat. Es gab sie zwar schon bei Bhai Sahib, es gibt sie schon lange in der Tradition, aber Frau Tweedie hat C. G. Jung studiert und sie sah die Entwicklung im Westen, sah das Interesse der Menschen an Psychologie, am Verstehenwollen der inneren Prozesse, etwas, das Hand in Hand zusammenging und für diese Arbeit eingesetzt werden konnte. Die Traumarbeit bedeutet Konfrontation mit dem eigenen Schatten. Kein spiritueller Weg kann die eigene Schattenarbeit überspringen. In unserer Traumarbeit geht es um die Versöhnung mit dem Schatten. Oft haben die Menschen bei »Schattenarbeit« negative Assoziationen, aber im Grunde ist sie der Schlamm, in dem die Lotosblume wachsen kann. Denn gerade im Schattenbereich des Menschen finden sich die größten Schätze.

Ich habe selbst nicht Psychologie studiert, aber dieses jahrelange Sitzen bei Frau Tweedie und das Zuhören bei den Träumen haben mir eine tiefe Einsicht in das Unbewusste des Menschen gegeben, nicht nur in sein Unbewusstes, sondern wirklich in seine Wesenskraft, sein Wesen. Jede und jeder besitzt eine einzigartige Traumsprache – das ist übrigens auch ein Merkmal unseres Pfades, wir sagen, es gibt so viel Wege zu Gott wie Atemzüge des Menschen. Das Individuelle eines Menschen wird zutiefst respektiert und es spiegelt sich in der Traumsprache wider. Wenn man das über eine gewisse Zeit hinweg beobachtet, sieht man auch, wie sich der Mensch wandelt. Er erhält einen Zugang zu den Welten in sich, die er über die Träume entdecken kann. Er bekommt ein Instrument, sich selbst kennen zu lernen, das ich wirklich wunderbar finde. Weil die Traumarbeit in der Gruppe geschieht, dürfen auch viele andere daran Anteil nehmen.

Und – es gibt einen Rahmen. Vor der Betrachtung der Träume wird meditiert, so entsteht eine Atmosphäre, die ausgerichtet ist, und dadurch erhält die Traumarbeit eine ganz besondere Qualität. Es ist ein geschützter Raum, wo jede und jeder sich so zeigen darf, wie sie oder er ist. Mit allen Lernschritten und Schatten und Schätzen, die oft im Unbewussten verborgen sind.

Es ist ein Wesensmerkmal dieses Weges, »modern«, das heißt, zeitgemäß zu sein. Durch das Buch von Frau Tweedie können wir jetzt schon auf drei Generationen blicken und kommen aus dem Staunen nicht mehr heraus über das Tempo der Wandlung. So musste Bhai Sahib bei seinem Lehrer noch die ganzen Regeln und Respektbezeugungen einhalten, zum Beispiel wie man durch die Tür hineingeht und wieder hinausgeht. Trotzdem war es für seine Zeit schon absolut modern, dass er als Hindu zu einem muslimischen Lehrer gekommen ist. Die Schulung Frau Tweedies durch Bhai Sahi bedeutete schon eine enorme Wandlung gegenüber dem, wie er selbst bei seinem Lehrer gelernt hat. Wie wir dann bei Frau Tweedie gelernt haben und wie es jetzt ist – es geschieht immer in der Zeit, immer den Bedürfnissen der Zeit gerecht werdend. Ohne auch nur ein Jota der Essenz zu verlieren.

Die Anpassung an die Zeit, an die kulturellen, gesellschaftlichen Bedingungen ist notwendig. So ist zum Beispiel die Traumarbeit vor das Erzählen von Geschichten getreten. Wir leben in einer Zeit, in der mit Hilfe einer zeitgenössischen Wissenschaft – der Psychologie – an Träumen gearbeitet wird,

Geschichtenerzählen dagegen ist nicht mehr verwurzelt, wir sind eine eher kognitive Gesellschaft. Das zu Vermittelnde auf dem Erkenntnisweg bleibt aber von dieser äußeren Wandlung unberührt.

In Indien bestand ein ganz anderer gesellschaftlicher, kultureller, religiöser Kontext als bei Frau Tweedie in London, als in Amerika, in Europa. Die Dinge wandeln sich, und der Zeitgeist wandelt sich. Die Anpassung findet statt, aber ohne dass die Essenz verloren geht. So ist der Pfad lebendig, eine lebendige Tradition.

Gibt es einen Unterschied in der Schulung von Männern und Frauen?

Ja, der Unterschied in der Schulung von Männern und Frauen wird in Frau Tweedies Buch von Bhai Sahib übermittelt. Die Männer bekommen mehr Übungen, um die Kraft zu transformieren, während bei den Frauen die Konzentration auf der Liebe liegt – zur Überwindung der Anhaftung. Energetisch sind Mann und Frau verschieden. Das ist klar und beruht auf dem polaren Prinzip. Die Seele dagegen ist weder männlich noch weiblich, das innerste Prinzip ist jenseits von Mann und Frau.

Heute zeigt sich in unserer Gesellschaft allerdings eine bestimmte Entwicklung. Wir kommen mehr und mehr dahin, dass jede Frau ihren weiblichen und ihren männlichen Teil miteinander verbindet und beide lebt und dass auch der Mann seinen männlichen und seinen weiblichen Teil erkennt und integriert. Traditionell sagen wir, dass die Frau alles in sich enthält. Sie braucht nur die Liebe für die Auflösung ihrer Anhaftungen. Der Mann muss seine Kraft wandeln. Das ist die traditionelle Aussage. Bei manchen Menschen stimmt das heute noch, so dass die Schulung dann auch unterschiedlich gehandhabt wird. Ich sehe aber, dass es eine Akzentverschiebung gibt, weil heute Männer das Weibliche und Frauen das Männliche integrieren müssen. Hat zum Beispiel eine Frau heutzutage mehr männliche Anteile, dann tritt natürlich auch mehr der Aspekt der Schulung in den Vordergrund, in dem es um die Transformation der Kraft geht. Eigentlich ist jeder Mensch einzigartig. Ich würde heute sagen, dass entsprechend der einzigartigen Alchemie des jeweiligen Menschen die Schulung geschieht. Das ist auch Tradition.

Warum sagst du, dass da eine gewisse Verschiebung geschieht?

Im Buch von Frau Tweedie hieß es, dass auf der letzten Stufe die Sexualität transformiert werden muss. Das hat mich sehr beschäftigt. Ich habe Frau Tweedie sehr oft gefragt, ob ich jetzt aufhören soll, mit meinem Mann zusammen zu sein. Ich wollte wirklich alles hingeben für diesen Pfad. Ich habe dann herausgefunden, dass es für uns Frauen zunächst nicht so sehr ein Thema ist, weil – so sagte Frau Tweedie – in der Frau die substanzlose Substanz eigentlich schon vorhanden ist, die es braucht, um die Transformation des Herzens zu vollziehen. Ich habe trotzdem weiter nachgefragt, ja wie ist es denn, wie ist es denn? Und ich habe begriffen, dass es für mich als Frau nicht unbedingt notwendig ist. Als ich dann mit meiner »Arbeit« begann, habe ich wieder nachgefragt – wie ist es denn mit den Männern? Ich habe nie ganz eindeutig eine Antwort bekommen. Aber manchmal hat sie so hingeworfen, weil diese Frage auch von anderer Seite immer wieder kam, dass die Transformation heute nicht mehr zwingend notwendig sei, auch für Männer nicht. Ich weiß es nicht.

Ich weiß nur, wie es für mich ist und war. Ich denke, da verändert sich etwas. Vielleicht hat es auch damit zu tun, dass es im Augenblick, was die Sexualität angeht, zwei Strömungen gibt. Auf der einen Seite wird die Abspaltung immer massiver, Gewalt und Verrohung nehmen zu, auf der anderen wird Sexualität nicht mehr als etwas Abgespaltenes erfahren, sondern als etwas Heilbringendes, Sakrales, kommen Geist und Körper als eines zusammen.

Im Tiefsten ist der sexuelle Akt ein heiliger Akt. Frau Tweedie hat gesagt, die Schöpfung ist in einem Akt der Liebe entstanden. Irgendwie spiegelt sich das im menschlichen Zusammensein von Mann und Frau wider. Daraus wird ja neues Leben geboren. Ich denke, wenn wir diese Spaltung von Körper und Geist, die in der christlichen Tradition seit der Spätantike stattgefunden hat, wenn wir diese Spaltung in Geist und Materie, Mann und Frau überbrücken und versöhnen können, wenn wir verstehen, dass nicht das eine hoch ist und das andere niedrig, wenn wir Sexualität als etwas Natürliches – auch von der Schöpfung Mitgegebenes – betrachten und erfahren können, dann ist dieses Thema verwandelt. Gut, ich weiß natürlich, dass die Sexualenergie eine starke Energie ist, ein Teil der Kundalinienergie, aber ich weiß heute auch, dass durch die Selbstverwirklichung nicht bei allen Menschen die Kundalini-Energie auf die klassische Weise, wie das die indische Kundalini-Yoga-Lehre sagt, entwickelt wird. Damit denke ich, ist es auch nicht zwingend, dass für die große Verwirklichung die Sexualkraft umgewandelt werden muss, das heißt, auf die Sexualität verzichtet werden muss. Frau Tweedie hat das zwei-, dreimal in meiner Anwesenheit auf diese Weise angedeutet. Aber da müssen wir beobachten und auch einfach hören, innerlich lauschen.

Die Gruppe

Lass uns über die Gruppe sprechen.
Ja.

*Als Erstes fällt mir ein, dass in der Gruppe diese spezielle, feinstoff-
lich-kraftvolle Atmosphäre vorhanden ist, die man nicht benennen
kann, die man jedoch sofort spürt, wenn man in die Gruppe kommt.
Sie ist nicht vordergründig »heilig«, wie wir es von unserem kulturellen Hintergrund her kennen. Es wird gelacht, oder ein Kochrezept
ausgetauscht, ein Witz erzählt. Immer wieder wird die Atmosphäre
gebrochen.*
Nein, die Atmosphäre wird nicht gebrochen, das Feinstoffliche
ist immer vorhanden, nur das Vordergründige wird gebrochen.

So dass nichts Weltabgewandtes entsteht.
Ja, das ist wirklich so. Es ist wie bei meiner ersten Begegnung
mit Frau Tweedie. In der Gruppe ist es genauso. Wir trinken Tee,
essen Kekse und Kuchen und es gibt menschliche Gespräche.
Manchmal ist etwas fürchterlich zum Lachen, manchmal gibt es
auch etwas zum Weinen – es ist normales Leben. Es ist einfach
nicht getrennt.

In diesem abgesteckten, definierten Raum der Gruppe, wo man hingeht, um zu meditieren, um zu beten, wo das Unnennbare oft so gegenwärtig ist, als könnte man ES berühren, da ist auch die »andere« Welt mit drin.

Ja, weil Sufis die Welt in ihrer Essenz nicht ablehnen, sondern sie genießen sie in dem Sinne, dass sie die Schönheit und die Majestät, den weiblichen und männlichen Aspekt wahrnehmen und in den Alltag integrieren. Sie wenden sich nicht von diesen Dingen ab, sondern alles hat seinen Raum. Was erschaffen wurde, kann nicht schlecht sein. Der ganze Mensch, die ganze Schöpfung, klein und groß, ein bisschen schief und quer, in ihrer Fülle, manchmal auch karg – alles hat seinen Platz. Ich wünschte mir nur ein bisschen mehr Humor ...

Dir selber meinst du?

Na ja, Frau Tweedie hat manchmal Witze erzählt, und ich kann mir die so schlecht merken.

Es ist so, die Heiterkeit, der Humor sind ein zentrales Thema. Letztlich müssen wir lernen, über uns selber zu lachen. Das ist Befreiung. Es ist alles nicht so ernst. Was auf dieser Welt geschieht, ist wirklich ein Spiel, SEIN Spiel, SEINE Spiegelung, SEINE Reflexion. Und in Essenz kann uns nichts geschehen. Haben wir das einmal erfahren, dann ist uns ein Standpunkt möglich, der wirklich freudig, humorvoll sein kann, der auch Tränen haben kann, aber in der Essenz wissen wir, es ist SEIN Spiel. In Essenz geschieht nichts, nichts, nichts.

In der Gruppe geschieht auch das, worüber wir schon in anderem Zu-
sammenhang gesprochen haben – dass nicht direkt gelehrt wird. Man
bekommt keinen oder nur sehr wenige direkte Hinweise. Es ist eher so,
dass sich in der Gruppe um den Lehrer »etwas« konstelliert, woraus
wir lernen. Das ist sowohl in der Gruppe so als auch im Leben, das wir
»draußen« führen. Manchmal sitzen wir da und schauen mit großen
Augen auf den Lehrer oder die Lehrerin und warten, dass er oder sie
jetzt etwas Weises sagen wird, fragen uns: Wann kommt jetzt endlich
die Belehrung für mich? Und derweilen rempelt mir hinten jemand
seinen Fuß in den Rücken und mein ganzer Ärger steigt auf – und dort
findet die Lehre statt. Also nicht in diesem direkten Kontakt, sondern
in dem, was sich in der Gruppe um den Lehrer oder die Lehrerin kons-
telliert. ES konstelliert sich. Und es kommen immer genau die passen-
den Situationen. Oder wenn ich meine, ich hätte etwas verstanden,
wäre durch ein Thema durch, dann kommt einer in die Gruppe, der
mich so herausfordert, dass ich das Gefühl habe, ich habe überhaupt
noch nichts gelernt auf diesem Weg. Oder es passiert etwas, wie jetzt
im Sommer mit diesem Vogelnest, in dem sich während der Baumaß-
nahmen, als alle Fenster im Raum geöffnet waren, eine Vogelfamilie
niedergelassen hat, durch deren »Lärm« sich einige gestört fühlten, oder
dass gerade an dem Tag die Kinder kommen und »stören«.

An dem das Vogelnest endlich draußen war.

Ich kann das nur aus meiner eigenen Erfahrung bei Frau Tweedie bestätigen. In einer enormen Schnelligkeit haben sich die
Themen zugespitzt. Wie schnell merkte ich all meine Projektionen, die ich dann zurücknehmen musste. Wenn wir genau hinschauen, läuft es in unserem Alltag genauso. Frau Tweedie hat
immer gesagt, das Leben sei der größte Lehrer. Wenn wir lernen,
diese Sprache des Lebens mehr und mehr zu berücksichtigen,

wird das zum Volljob. Es ist wirklich eine 24-Stunden-Beschäftigung, denn von einem tiefen Verständnis aus gesehen, stellen die Dinge, die uns außen geschehen, die Reflexion eines inneren Zustandes dar. Damit wird uns eine Chance der Bewusstwerdung für diesen Aspekt gegeben, der sich daraus ablesen lässt. Später bedeutet dieser Volljob im Tiefsten Freude, man ist Beobachterin oder Beobachter und erkennt immer mehr ganz einfach SEIN Spiel. Es gibt dann kein gut oder schlecht mehr, man ist natürlich und spontan, ganz im Jetzt, ohne dass das Ich oder Mein dazwischenwirkt. Und das ist nicht an einem bestimmten Punkt erreicht, das ist in jedem zeitlosen Augenblick immer wieder neu.

Ich habe den Eindruck, dass jetzt, nach dem Tod von Frau Tweedie, die Bedeutung der Gruppe wieder zurückgeht, dass wieder mehr Verantwortung auf den Einzelnen übergeht. Im Grunde ist es ähnlich wie zu der Zeit, als wir angefangen haben. Am Anfang gab es bei Frau Tweedie auch nicht viele Gruppen. Viele von uns waren ganz allein.

Ich denke, du hast Recht. Für mich ist klar, dass es wieder mehr in die Einzelverantwortung geht. Heute sind wir auch so weit, dass das Selbstverständnis – zum Beispiel, dass wir Dinge, die uns außen geschehen, in einen Bezug zu unserem Inneren setzen können – gewachsen ist. Damit verbunden ist natürlich eine größere Unabhängigkeit, um dieses bewusste Lernen im eigenen Alltag praktizieren zu können.

Es gibt in Deutschland, in der Schweiz, in Amerika verschiedene Gruppen, die sich regelmäßig treffen. Die Gruppen sind ganz offen, man kommt zusammen zur Meditation und bleibt dabei aber immer frei. Vor allem am Anfang ist es wirklich eine Hilfe, ein Gefäß zu haben, wo man das Gefühl hat: »Ah, ja, hier darf ich wirklich sein, hier finde ich ein Stück Heimat.« Dieses Sich-Widergespiegelt-Fühlen ist wichtig. Viele Menschen mögen allerdings überhaupt keine Gruppe.

Weil diejenigen, die sich zu diesem Weg hingezogen fühlen, eigentlich Einzelgänger sind?
Es sind Einzelgänger.

Damit bedeutet es einen Widerspruch in sich, sich in einer Gruppe wohlzufühlen.
Genau. Alles, was sich manifestiert, hat immer zwei Seiten. Eine Gruppe kann natürlich auch eine Schattenseite, eine kollektive Seite entwickeln. Plötzlich träumt ein großer Teil der Gruppe zum Beispiel von dunklen Mächten. Die werden dann nach außen projiziert und dabei entgeht ihnen – weil es so viele sind –, dass es weiterhin um die eigenen Anteile geht. Dieser unbewusste Prozess kann eine enorme Eigendynamik entwickeln. Man muss sehr aufmerksam sein, wie eine Gruppe wirklich funktioniert. Darum hat Frau Tweedie auch ab und zu die Gruppe dichtgemacht, hat sie geschlossen und war einfach eine Zeit lang verschwunden. So eine Dynamik mag einer der Gründe gewesen sein, es gibt natürlich sicher noch weitere. Übrigens besitzt auch der Pfad eine Schattenseite, jeder Pfad hat eine Schattenseite – wie jeder Mensch, solange er lebt, mit Schattenseiten konfrontiert sein wird, weil das dem dualen Prinzip entspricht. Jeder Pfad hat seine Stärke, ist ein Stück Kuchen, das dem Menschen mundet, umfasst aber auch eine Schattenseite. Ich denke, eine der

möglichen Schattenseiten unseres Pfades könnte – wie überhaupt für die Sufi-Tradition – die Rolle des Lehrers sein. Es ist wirklich auf Messers Schneide. Annemarie Schimmel hat in ihrem Buch über Sufi-Orden geschrieben, in denen auch Missbrauch stattgefunden hatte. Das ist ein Punkt, der sehr genau angeschaut werden muss.

Es ist eine Gratwanderung zwischen Gehorsam und Freiheit.

Und Selbstverantwortung. Trotzdem muss man genau hinhören, was der Spiegel sagt. Für mich hat das Frau Tweedie meisterhaft gemacht, das muss ich sagen. Sie ist für mich ein großes Beispiel. Sie gab dem Schüler die Freiheit; ich fühlte mich nie in irgendeiner Weise gebunden oder unerwachsen, ich musste immer selber überprüfen. Der eigentliche Prozess beginnt damit, dass man zunächst einmal genau hinhört, wenn der Lehrer etwas sagt. *Genau* hinhört. Denn wir hören meistens nur innerhalb der eigenen Konzepte. Man muss die Fähigkeit entwickeln – so leer wie möglich – einfach hinzuhören. Dann müssen die Worte überprüft werden. Tief überprüft werden, kontemplativ. Erst dann wird sich im eigenen Herz das herauskristallisieren, was für einen das Richtige ist. Das ist auch etwas, das man lernen muss: erwachsen damit umgehen. Das braucht sehr viel Differenziertheit und eine Balance auf Messers Schneide, auch für den Schüler, dass er seiner selbst gewahr wird, im Herzen – ich spreche vom Herzen. Er muss aber auch genau hinhören und das Gesagte ernst nehmen, absolut ernst nehmen, überprüfen oder übersetzen. Frau Tweedie hat mir einmal einen Kommentar zu einem Traum gegeben und mit einem Vorschlag für eine neue Orientierung für mich verbunden. Das hat in mir einen starken Prozess ausgelöst, vierzehn Tage lang. Fragenwälzen, Unruhe, Auseinandersetzung – bis ich genau zum Gegenteil von dem kam, was Frau Tweedie vorgeschlagen hatte. Das Wesentliche war also der ausgelöste Prozess.

Es gibt vielleicht noch andere Schattenseiten, die ich im Moment nicht kenne. Wir werden reflektierter, das Bewusstsein verändert sich, und es ist gut, das zu thematisieren und immer wieder anzuschauen. In dieser Welt ist nichts vollkommen, auch der Mensch nicht, das ist unmöglich – sonst bräuchten wir nicht mehr zu leben. Wenn etwas vollkommen ist, bewegt es sich nicht mehr. Das Leben ist jedoch ständiger Wandel. Nur in dieser Bewegung kann sich Gott spiegeln.

Ich-Auflösung und Erscheinungswelt

❦

Es sind um den Bereich des Sterbens vor dem Sterben, der Ich-Auf-lösung, so viele Konzepte vorhanden, die eigentlich nicht einen neuen Mensch aus uns machen, sondern uns in gewisser Weise eher verkrüp-peln. Da sind Vorstellungen von Selbstabtötung, die mit dem Prozess der Auflösung des Ichs oder Egos gar nichts zu tun haben. Ich habe sel-ber sehr lange gebraucht, um zu verstehen, was es eigentlich bedeutet, dass das Ego sich auflöst. Weil ich Bilder hatte, die viel zu eng waren. Wie kann man diesen Prozess verstehen und wirklich mit sich selbst in Verbindung bringen?

Zum einen muss man verstehen, dass es bei der Ich-Auflösung darum geht, das Identifiziertsein zu erkennen.

Was heißt das?

Das beginnt zum Beispiel mit unserem Körper. Wir denken, wir *sind* unser Körper. Oder wir denken, wir *sind* unsere Gefühle. Es gibt Menschen die funktionieren so: Wenn sie intensive Gefühlserlebnisse haben, seien es Liebesgefühle oder Wut oder was weiß ich, dann haben sie ein Gefühl von – ah, ich lebe. An-dere kommen eher vom Denken her und meinen, wenn ich viel denke und kreiere und Konzepte entwerfe, viele Lebenszusammenhänge intellektuell, verstandesmäßig begreife – dann lebe ich. Ich denke, also bin ich. Das ist eine weitere Art. Es gibt noch viele andere Wahrnehmungen.

Wir wissen heute, dass keine Wahrnehmung von zwei Menschen gleich ist, selbst wenn es sich um dasselbe Ereignis handelt. Also *Wahrnehmung* ist nicht objektiv, bietet keine »Sicherheit«.

Wenn wir nach innen schauen, entdecken wir allmählich, in welchen Bereichen wir uns als »das bin ich« definieren. Ich bin Mutter, das kann einem einen Lebenssinn geben, ich bin Professor, ich bin Ärztin, ich bin Putzfrau, ich bin der Größte, ich bin gar nichts, ich bin eine Schlampe, ich kann nichts, ich bin sehr kreativ – und so weiter. Alles, worüber wir uns definieren, als Individuum denken, das bin ich, das ist Identifiziertheit. Am besten beginnt man, sich selbst zu beobachten. Dort, wo eine starke Anziehung zum Vorschein kommt, dort wird wahrscheinlich auch starke Anhaftung sein. Dort, wo man sich ärgert oder wütend wird oder einem am Lack gekratzt wird und eine Reaktion von Verletztheit kommt, dort wird man auch ein Identifiziertsein feststellen können. Im Loslösungsprozess lernen wir allmählich zu verstehen, das bin ich nicht, dies kann ich auch nicht sein und jenes auch nicht. Wenn ich denke, ich bin der Körper, und der Körper wird krank – dann habe ich ein Problem. Wer bin ich dann, was ist denn dieses Ich? Das ist dieser Prozess des allmählichen Abfallens der Zwiebelschalen, bei dem wir von innen her verstehen, ich bin zwar eine Mutter, habe diese Tätigkeit, aber eines Tages werden die Kinder ausfliegen, ich bin dann nicht mehr primär Mutter. Wenn ich sterbe – was bleibt dann?

Wir beginnen, uns mit den Fragen zu befassen, woher komme ich, wohin gehe ich. Oder – wie die Sufis so schön sagen – bei einem Schiff, das untergeht, ist die Fragestellung, was bleibt mir? Wir kommen von – ich bin ein Professor, ich bin eine Mutter, zu – *ich bin*. Es ist ein Seinszustand. Man kann berufstätig sein, Vater sein, Mutter sein, aber wir sind nicht *identifiziert* mit diesen Funktionen, sondern wir sind verwurzelt, ruhen in diesem Sein, das die Wirklichkeit ist. Jesus sagte, ich bin die Wahrheit, das Licht und das Leben. Wenn jemand stirbt, das Leben aus dem Auge entwichen ist, dann sieht es nicht mehr, auch wenn das Organ Auge noch intakt ist – dieses Leben, das was uns sehen lässt, das ist, was wirklich ist. Alles, was vergänglich ist, alles, was sich verändert, kann nicht Wirklichkeit sein. Auf dem Pfad werden wir allmählich an das herangeführt. Zunächst werden wir in die Liebe hineingeführt, und wenn wir dann noch etwas benennen können auf dieser Welt, dann dieses Ich-Bin, dieses Leben.

Diese Bilder des Sterbens vor dem Sterben, des Abtötens, des Das-Ego-muss-Gehen – diese Bilder kommen ja nicht einfach so. Wie geschieht dieser Prozess? Du hast erzählt, du bist einmal in London kaum über eine Brücke gekommen, weil du dich hinunterstürzen wolltest, so existenziell war die Situation.

Ja, das war ein Moment äußerster Verzweiflung. Es gibt solche Momente. Sie können auch kathartisch wirken, ein Meilenstein sein, aber ich möchte es auch nicht zu sehr dramatisieren, das kann sein, muss aber nicht sein. Es kann auch sein, dass der Prozess leise verläuft, ohne dass dramatische äußere Dinge geschehen. Innerlich schon, denke ich, innerlich passiert schon diese enorme Reibung, diese Spannung. Ich sehe aber in allem einen organischen Prozess, wie uns die Anhaftung genommen wird. Es ist nicht etwas, das wir wirklich machen können. Die Einsicht und das Verständnis werden gegeben, indem wir uns durch die Meditation und das Mantra-Sagen einschwingen in den leeren Raum, in das höhere Selbst, auf die atmische Ebene. Der Prozess geschieht organisch.

Wir müssen ihn »nur« aushalten.

Wir müssen wach sein. Es muss bewusst geschehen. Und dann kommt das Aushalten. Wenn wir nicht wahrnehmen, was da geschieht, dann kann es leicht wieder ins Unbewusste abtauchen. Also durchhalten und beobachten, wahrnehmen, wach sein. Guruji hat einmal gesagt, wir sollten wach sein wie eine Katze vor dem Mauseloch. Das ist eine große Qualität. Wir beobachten die Träume, die Dinge, die in der Außenwelt geschehen, die Hinweise, die wir bekommen. Wenn wir krank werden, nehmen wir das beispielsweise als Anlass, über die Vergänglichkeit des Körpers nachzudenken. Und so kommen wir in einen Bereich hinein, wo wir sagen, ah, da ist ja etwas, das einfach *ist*. Unabhängig davon, in welchem Zustand der Körper sich gerade befindet. Das sind Prozesse, die allmählich geschehen. Ich würde nie von Abtötung reden, das finde ich eine mittelalterliche Ausdrucksweise. Es ist ein Prozess – ich denke auch, dass er heute in gewisser Weise leichter ist. Es mag seltsam klingen, aber ich bin sicher, dass Frau Tweedie mit ihrem Leben und durch ihr Buch eine ungeheure Pionierarbeit geleistet hat. Menschen, die diesen Archetypus als Erste durchleben, wie Christus oder Buddha zum Beispiel, die leisten Pionierarbeit; das ist eine gewaltige Anstrengung. Wir »profitieren« von Frau Tweedies Arbeit. Wir müssen nicht mehr ganz dieselbe Arbeit leisten. Ich sehe das auch an der Generationenfolge, dass ich zum Beispiel an einem anderen

Bewusstseinsort stehen durfte als meine Eltern. Und meine Kinder, die bekommen wieder ganz viel durch meinen Bewusstwerdungsprozess. Da gibt es eine Entwicklung.

Das Ego wird nicht getötet, das Ego bleibt, aber es kommt an den richtigen Platz. Es wird zum Diener des höheren Selbst. So lange wir unbewusst sind, regiert das Ego und wir sind seine Sklaven. Natürlich brauchen wir diese Ich-Konstellation, solange wir auf dieser Welt sind, wir gehen nicht weg von dieser Hülle. Nur – es ist einfach so, dass wir erkennen, dass dieser Körper eine *relative* Wahrheit ist. Er kommt und geht, damit verbunden auch die Gefühle, das Denken, das Wahrnehmen, die Empfindungen. Wir setzen das Ego an den richtigen Ort. Wir brauchen die Kraft, die darin enthalten ist, um überhaupt in dieser Welt zu leben. Und dieses Leben ist kostbar, weil wir nur als Mensch die Möglichkeit haben, zu erkennen.

Das wäre jetzt der Weg im Sinne einer Entwicklung, im Bild des Rades definiert als Speiche. Es gibt aber noch eine andere Betrachtungsweise. Sie entsteht, wenn der Mensch die Speiche verlassen hat und eingetreten ist in den raumlosen Raum der Nabe. Dabei vollzieht sich ein Paradigmawechsel. Dort gibt es nichts zu erreichen.

Wie schwer diese Ich-Auflösung ist, hängt rein vom eigenen Widerstand ab. Wenn wir nichts sind, dann gibt es kein Problem. Je mehr wir verhaftet sind, je mehr wir identifiziert sind mit dem, was wir *nicht* wirklich sind, desto schwieriger wird der Prozess, desto schmerzhafter. Es ist eine Frage des Widerstandes, und der wird irgendwo gebrochen – mehr durch die bloße Präsenz des Lehrers, der Lehrerin als durch das, wie er oder sie mit der Schülerin, dem Schüler im Äußeren umgeht. Obwohl das natürlich auch eine Rolle spielt. Geliebter Henker, sagte Frau Tweedie über ihren Lehrer. Es ist wirklich ein gnadenlos gnadenvoller Pfad. Er führt uns zielsicher ins Nichts. Es ist die größte Befreiung.

Von dem Moment an, als ich mich auf Frau Tweedie einließ, auf den Pfad, obwohl es ringsherum tobte, war *etwas* in mir nur glücklich. Und das, denke ich, empfinden alle Menschen. Das Identifiziertsein stellt ja auch eine Verkettung dar, es ist durchaus schwierig, all diese Dinge aufrechtzuerhalten, diese Probleme, diese Sorgen. Frau Tweedie sagte, 90 Prozent der Probleme sind selbst gemacht. Das stimmt. Es ist eine ungeheure Befreiung *und* tut weh. Ja, natürlich! Doch wenn ich weiß, dass es wehtut, weil es mein Widerstand ist, und nicht, weil da irgendjemand irgendetwas von mir will …

Der innere Druck, wie in diesem alchemistischen Gefäß, der ist allerdings da, der kann enorm sein. Ob ein Pfad leicht oder schwer ist, kann man nicht wirklich sagen. Er ist sicher immer alles andere, als das, was man sich vorstellt. Ich kann nur sagen, nach meiner Erfahrung ist es das einzig Lohnenswerte – weil man frei wird, weil man bei sich und in allem Zuhause ist. Etwas beginnt in einem zu lobpreisen, und das ist eigentlich der natürliche Zustand.

Irgendwo hat man sich immer danach gesehnt, hat es immer in der Wahrnehmung gehabt, auch wenn es ganz hinten im Verborgenen lag.

Immer. Jeder Mensch. Die Natur macht das von sich aus. Jeder Baum preist, jeder Vogel preist. Das Meer, der Wind, die Wolken. Alles lobpreist. Der Mensch muss lernen zu lobpreisen. Das ist seine eigentliche Natur und sein großes Leiden, wenn er es nicht kann. Dieses Lobpreisen ist ein natürlicher Zustand, es ist kein ekstatischer Zustand. Wir erleben zwar ekstatische Zustände, Erfahrungen der Einheit – ja, die *Unio mystica* findet wirklich statt. Und dann – ich liebe diese Aussage von Teresa von Avila – dann sind wir endlich Mensch. Es ist etwas Selbstverständliches, etwas absolut Natürliches – wir sind endlich normal. Vielleicht kann ich später noch mehr zu dem sagen, was nach der Erleuchtung kommt.

Wir leben unser Leben genauso weiter, tun, was wir zu tun haben. Was dieser Duft, diese Farbe, dieses Lied uns aufgetragen haben, das singen wir oder tun wir oder lassen wir. Es ist ganz einfach. Es wird ganz einfach. Man sagt Ja zu dem, was ist. Akzeptiert. Gibt sich dem hin, was ist. Die Hingabe ist ein wichtiges Thema auf diesem Pfad, wir haben schon darüber gesprochen. Wir geben uns DEM hin. Wir akzeptieren einfach diesen Duft. Dieser Duft ist nichts anderes als ES, das sich manifestiert in dieser Welt, um erkannt zu werden. Nichts weiter geschieht.

> Ich war ein verborgener Schatz und wollte erkannt sein; so erschuf Ich die Welt.
> *Hadith qudsi*

Was ist mit Erscheinungswelt gemeint – und dass die Erscheinungswelt Illusion sei?

Man kann es zum Beispiel auf diese Weise versuchen: Da ist die Quelle, das Namenlose. Aus diesem Namenlosen, aus dieser Quelle heraus entsteht die Schöpfung, das Geschaffene, die

Manifestation, die Welt der Erscheinungen. Es ist wie die moderne Physik und Astronomie das Universum erklären – aus einem Nichts entstand der Urknall, in dem sich Materie – die es eigentlich gar nicht gibt – bildete, die sich in der Blase unseres Universums ausdehnt und jederzeit wieder zusammenziehen kann, so dass wieder nur das Nichts bliebe.

Eine andere Betrachtungsweise wäre das Bild von der Spinne, die einen Faden spinnt: Der Faden entsteht aus der Spinne. Der Faden ist nicht die Spinne, aber ohne die Spinne gäbe es keinen Faden. Und der Faden kann für sich alleine nicht existieren. So kann man die Schöpfung sehen, die Form. Ein anderes Bild, das uns helfen kann, ist der Vergleich mit dem Schatten. Ein Schatten existiert nur, wenn eine Sonne da ist und ein Gegenstand, zum Beispiel ein Baum. Dieser Schatten hat kein Eigenleben, es gibt ihn nur, wenn die Sonne da ist und dieser Baum.

Das Platonsche Höhlengleichnis.
Genau. Der Schatten hat kein Eigenleben, das ist das Wichtige. Wir sind wie dieser Schatten. Alles, was Form und Namen hat, ist wie dieser Schatten. Dieser Schatten kann nichts aus sich selbst heraus machen. Wir können aus uns selbst heraus wirklich nichts machen. Das, was uns atmen lässt, ist die Quelle. Ist das Leben. Ist Gottes Wille. Der Spinnenfaden kann sich nicht von allein bewegen, er kann von allein kein Netz machen. Es ist die Spinne, die das Netz webt. Alles, was sich manifestiert, wurde letztlich entsprechend der Quelle, dem Willen der Quelle, gestaltet. Und geht wieder zu ihr zurück. Das alles sind natürlich nur Hilfsmodelle, die ein Verständnis ermöglichen sollen.

Die Erscheinungswelt ist vergänglich. Sie kommt, sie geht.

Und das, was kommt und geht, können wir nicht sein. Das kann man nicht verstehen, nur erfahren.

Wir müssen unterscheiden lernen zwischen dem, was ewig ist, was das Leben ist in uns, was nach dem Tod weitergeht, was vor dem Tod vorhanden war, und dem, was Form annimmt, Raum und Zeit durchlebt und wieder zurückkehrt, sich wieder auflöst. Letzteres sind wir nicht. Frau Tweedie hat mir gesagt, wir Sufis »identifizieren« uns mit dem höheren Selbst. Das höhere Selbst ist das, was das Leben in uns ist und was ewig ist. Das ist göttlich, das ist DAS, was unbenennbar ist. Unwissenheit ist, dass wir alles vermischen. Im Menschen ist meistens ein Kuddelmuddel, wo er gar nicht so recht weiß, was gehört jetzt zu mir, was bin ich. Wenn wir unser Leben einmal anschauen, von der Kindheit an bis zu unserem jetzigen Alter, dann haben wir uns unsagbar verwandelt, verändert, ständig – ja, wer sind wir jetzt wirklich?

Wenn ich die Gefühlswelt betrachte, gibt es Millionen von Gefühlen, die ständig aufkommen und wieder verschwinden. Gedanken, woher kommen sie, wohin gehen sie? Auf was kann ich mich verlassen, auf welches Gefühl, was bin ich wirklich? Das ist die Erscheinungsebene. Auf dem Pfad lernen wir zu verstehen, wie diese Dinge kommen und gehen, dass Etwas in allem IST, was unveränderbar ist. Das braucht Zeit, das braucht wirklich Zeit, bis das Herz es ahnungsweise versteht und zu integrieren vermag. Vor allem das Integrieren braucht Zeit.

Am Ende ihres Buches hat Frau Tweedie über das Erkennen dessen geschrieben, was sie wirklich ist. Dieses All-Eins-Sein. Und dann hat sie gesagt, das kann sich jetzt nur noch vertiefen und vertiefen und vertiefen.

Irgendwann versteht es das Herz, und dann muss es sich vertiefen und vertiefen und vertiefen. Das braucht Zeit. Weil das Leben, die Wahrheit, das Unveränderbare allmählich kommt. Allmählich durchdringt es das Bewusstsein, so dass es die tragende Säule, das Tragende im Leben wird. Die Wirklichkeit wird zur Gewissheit. Die Erscheinungswelt tanzt mit, aber der Mensch ist nicht mehr damit identifiziert; die Erscheinungswelt wird beobachtet als etwas, das wie eine Welle auf und niedergeht. In der Welt der Form gibt es auf und nieder, Tag und Nacht, gut und böse, schwer und leicht. DAS aber ruht in der Tiefe, im Meeresgrund, im Ozean.

Essenz

❧

Es gibt diese Aussage von Martin Buber, dass den Mystikern das Wort auf der Zunge brennt, aber dass sie eigentlich, wenn sie dann reden wollen, nur stottern und stammeln können. Ich weiß, dass es in einer Weise ein Bereich ist, über den man nicht sprechen kann. Und trotzdem ist es wichtig zu reden. Es ist jetzt öfter das Wort Essenz gefallen – was ist die Essenz? Und im Hintergrund steht immer die Einheitserfahrung – was ist es, das den Menschen grundlegend verändert durch die Erfahrung der Einheit? Was geschieht da?

Es ist tatsächlich schwierig, über die *Unio mystica* zu sprechen. Es ist eine Grunderfahrung, die in jedem Menschen schlummert. Es ist etwas, das sich den Worten entzieht. Vielleicht am Saum oder Übergang, wo wir von diesem EINEN wieder ins alltägliche Bewusstsein kommen, an dieser Schwelle setzen Worte ein. Da kann diese Grunderfahrung, die unbenennbar ist, benannt werden. Man kann dies vielleicht mit dem Licht veranschaulichen, das selbst nicht sichtbar ist, aber wenn es durch ein buntes Glasfenster fällt, ergießt es sich in ein Form- und Farbspektrum, und an diesem Punkt, wo Farbe auftaucht, da sind Worte wieder möglich. Diese Worte, die gebraucht werden, um diese Grunderfahrung, die *Unio mystica*, auszudrücken, sind immer persönlich gefärbt. Immer in der Sprache der inneren, eigenen Alchemie, des kulturellen Umfelds, natürlich auch der Sprache des Pfads, den man gegangen ist. Die Grunderfahrung selbst ist jenseits davon. Insofern – was kann ich dazu sagen?

Ich kann nur sagen, was am Saum erfahren wird, dort wo der Übergang Seele – Mensch ist. Wo ein tiefer Frieden, eine tiefe Stille, eine leise Glückseligkeit berührt werden. Es ist wichtig, dass der Mensch versteht, dass er das, was er sucht, nur in sich selbst finden kann. Dass er versteht, es gibt nichts zu erreichen, nichts zu suchen, weil das, was der Mensch sucht, er selbst ist. Dies zu erfahren ist die *Unio mystica*. Meistens, ich weiß gar nicht, ob ich da jetzt von mir reden soll oder ich ... ich, und hier stottere ich, weil – gibt es ein Ich, das noch irgendetwas erfährt? Das ist es ja gerade. Da ist niemand. Da ist nicht jemand, der noch erfahren kann. Darum hat Bhai Sahib gesagt, wer ist erleuchtet? Es gibt niemanden, der erleuchtet sein kann.

Überhaupt reden wir in unserer Sufi-Tradition wenig von Erleuchtung. Es ist der eine Schritt, dies zu »erfahren«, und der zweite ist, es zu praktizieren, zu leben. Das braucht meistens nochmals Zeit, bis der Mensch voll und ganz in aller Tiefe von der Erfahrung erfasst ist, bis im Alltagsbewusstsein die Erfahrung so tief gesunken ist, dass wirklich der innere leere Raum die Führung im Leben des Menschen übernimmt, dass dies selbstverständlich geschieht.

Irgendwo »erfährt« man. Nach innen schauend ist da nichts. Nach außen schauend – was bin ich nicht? Man ist Hund und Floh, der sich reinbeißt ins Fell des Hundes, man ist Baum, Himmel, Mensch, Kot am Boden – was bin ich nicht? Aber das braucht Zeit, häufig ist es nicht mit einer Erfahrung geschehen, es braucht Zeit, bis sich dies in jede Zelle hineinschwingt, dieses

Bewusstsein, dieses Licht oder wie man es nennen will. Es braucht Zeit. Diese Erfahrungen kann man nicht herbeiführen, sie werden gegeben.

Es gibt große Lehrer und Lehrerinnen, die haben tiefe, grundlegende Erfahrungen gemacht, zum Beispiel Ramana Maharshi, der mit sechzehn Jahren diese Erleuchtungserfahrung hatte. Er brauchte dreißig Jahre, um sie zu integrieren, um die beiden Welten miteinander zu verbinden und auch der irdischen Welt einen angemessenen Platz in seinem Leben einzuräumen. Die Umwandlung des Herzens, die Geburt des Menschseins, braucht Zeit. Anfänglich wird die *Unio mystica* vielleicht als ein Alleinswerden erfahren, man ist vielleicht plötzlich mit dem Himmel eins, mit den Sternen oder mit den Menschen. Die Trennung von ich und du wird durchlässig. Und man könnte sagen, die Welle sagt, ich bin der Ozean. Wenn sich diese Erfahrung vertieft, gibt es einen Punkt, an dem ein paradigmatisch grundlegender Wechsel in der Betrachtung stattfindet. Da sagt der Ozean, ich bin die Welle. Damit werden Raum und Zeit durchstoßen. Gleichzeitig leben wir jedoch in Raum und Zeit. Aber die Betrachtung von innen und außen, von Schöpfer und Schöpfung gestaltet sich auf solche Weise, dass es nur noch das EINE gibt. Nicht zwei. Das Nichts, das alles in sich enthält. Die Person ist ausgeblendet oder verschwunden, ver-nicht-et. Und alles offenbart sich so, wie es ist im JETZT.

Es sind Schritte. Ich komme nochmals auf meine persönliche Erfahrung zurück. Es gab eine Zeit, in der ich solche inneren Erfahrungen hatte – mit aller Vorsicht, ich möchte das noch einmal sagen –, Erfahrungen mit diesem Gefühl, die Welle wird zum Ozean. Ich kam in mein alltägliches Bewusstsein zurück und erlebte mich wieder als Person. Und ich war eigentlich unzufrieden, ich hatte die Vorstellung in mir, dass es von da an keine Person mehr gäbe. Aber ich fühlte mich immer noch als Person, wobei doch diese andere Sichtweise langsam begann, sich singend in meinem Herz auszubreiten. Ich kam dann durch äußere Umstände – ich werde noch davon erzählen – in große innere Bedrängnis und wusste, es ist jetzt von zentraler Bedeutung, dass ES wirklich auch im Alltagsbewusstsein dieses »ich bin Annette«, bin diese Person, transformiert. Ich habe sehr darum gebetet und gerungen, und da hat mir dann die Advaita-Lehre, wie sie Nisargadatta Maharaj in seinen Schriften *Ich Bin** formuliert hat, sehr geholfen. Wie ich nachher entdeckte, ist dieser Aspekt des Nicht-Zwei auch im Buch von Frau Tweedie enthalten. Nur in ganz wenigen Sätzen, die Zeit war dafür noch nicht reif. Dort habe ich wirklich den Faden gefunden, als Guruji sagte, Liebe und Vertrauen werden eins, und auch das wird vergehen und es bleibt nichts als das Nichts. Denn in der Erfahrung der *Unio mystica* – wenn sie in Worte gefasst werden kann, wenn wir uns beziehen auf die Glückseligkeit, den Frieden, die Stille, die wir darin erfahren – sind wir noch gehalten im Liebesbund. Guruji weist uns weiter, er führt uns weiter, dahin, wo es einfach nichts mehr zu halten gibt. Das Ich kann sich nämlich sehr leicht identifizieren mit diesem Zustand der Glückseligkeit, diesem Zustand von »Ich bin«, von *Ananda*. Gurujis Aussagen führen uns weiter, dorthin, wo man einfach nichts ist, nichts sagen kann, nicht weiß. Was uns bleibt, ist, im Jetzt, in diesem Augenblick, gegenwärtig zu sein. Das ist alles. Man ist, wie Mechthild von

---

* Nisargadatta Maharaj: *Ich Bin*, 2 Bände, Bielefeld: Kamphausen Verlag, 1997/1998

Magdeburg sagt, dieses Blatt im Wind oder diese Feder im Wind, oder wie es Frau Tweedie von der menschlichen Seite her angedeutet hat – die Füße finden keinen Platz mehr auf der Erde, um sich abzustellen.

Der Pfad ist eigentlich ein Heilmittel; die Meditation, das Mantra-Sagen sind eine Medizin für den Menschen, um zu sich selbst zurückzukehren, um heil und ganz zu werden. Es ist möglich, dass diese Medizin eines Tages nicht mehr gebraucht wird, das muss jeder und jede für sich selber wissen. Wir verlassen das Boot und tragen es am anderen Ufer nicht mehr mit uns herum. Wir legen es ab. Im Herzen bleibt natürlich diese ungeheure Dankbarkeit und der Respekt für dieses Boot, das uns getragen hat, für diesen Wegweiser nach Hause. Natürlich ist dieser Prozess nie abgeschlossen. Aus unserer menschlichen Sicht leben wir innerhalb von Raum und Zeit. Wir sind auf der Erde, um zu lernen und das Gelernte umzusetzen. Und das gehört zusammen. Mit »umsetzen« meine ich, es in den Alltag hineinzunehmen. Der Prozess der Vertiefung hört nie auf. Man kann einerseits sagen, man ist angekommen – und wie so oft können wir die Dinge nur paradox ausdrücken – auf einer anderen Ebene ist dieser Prozess nie zu Ende. Denn wären wir vollkommen, würden wir – wie gesagt – sterben.

Der Alltag geht weiter. Wir haben Verpflichtungen, Verantwortung. Wir leben also weiter in dieser Welt, wir sind weiterhin dem dualen Prinzip ausgesetzt. Einmal ist man gesund, einmal ist man vielleicht krank. Einmal ist dieses, einmal ist jenes, aber mehr und mehr ist es möglich als Beobachter, als Zeugin, dieses Geschehen einfach wahrzunehmen. Es ist, als ob das Mantra uns in den inneren goldenen Faden einschwingt. Den Faden des

Ewigen. Das Eigentliche in uns ruht in diesem ortlosen Ort, dem höheren Selbst, dem leeren Raum, und je tiefer die »Verankerung« in diesem leeren Raum ist, die Aufmerksamkeit dort ruht, desto mehr ist es uns möglich, Zeuge dessen zu sein, was ist, wenn wir nach außen schauen. Wenn wir nach innen schauen, ist Stille da. Auch da kommen manchmal Gedanken, kommen nachts manchmal Träume. Plötzlich taucht wieder ein Schatten auf, plötzlich gibt es eine gewisse Konfrontation, eine Auseinandersetzung mit dieser Welt. Man lernt, diese Dinge einfach anzuschauen. Mit der Zeit hat sich auch eine gewisse Übung eingestellt. Man schaut die Dinge an, vertraut. Was sich außen abspielt, lässt man wieder sein, kommt wieder in diese Mitte, in diesen leeren Raum, der einfach präsent ist. Das stabilisiert sich einfach mehr und mehr. Das braucht Zeit.

Meine Erfahrung ist, dass die Anforderungen immer größer werden. Die Reibungsflächen werden stärker, und man wird geprüft, ob man in extremen Situationen immer noch SEIN Lied im Herzen zu singen vermag.

Es gibt nichts als das Nichts, das ist die Essenz unseres Pfades.

Nachfolge

❧

Jetzt habe ich noch eine Frage zu deiner Arbeit. Im Buch von Frau Tweedie ist nur beschrieben, wie sie von Bhai Sahib die Andeutungen bekommt, und allmählich und in Nebensätzen erfährt man, dass sie seine Arbeit übernehmen, seine Nachfolge antreten soll. Du selbst bist lange Zeit im Stillen von Frau Tweedie für diese Aufgabe vorbereitet, hinübergeführt worden. Kannst du darüber mehr erzählen?

Zunächst war meine Erfahrung, von der ich erzählt habe, damals für mich selbst die größte Überraschung. Es war ein Durchbruch. Ich kann es nicht anders nennen. Es ist etwas durchgebrochen. Ich wusste seit Jahren, dass etwas kommen wird. Ich wusste nie, nie was. Und ich muss auch sagen, ich hatte *nie* einen Gedanken in die Richtung, diese Arbeit zu übernehmen. Nicht einen. Und so war es für mich zunächst einmal eine tiefe Erschütterung, dieser Durchbruch aus dem blauen Nichts. Nach dem Ja, Ja, Ja von Frau Tweedie erfuhr ich schlicht und einfach große Unterstützung von ihr, Unterstützung ganz praktischer Art. Ich konnte sie alles fragen, was andere Leute betraf, wenn ich unsicher war, und auch was meine eigene Weiterentwicklung betraf. Ich habe ihr immer geschrieben, sie alles gefragt, ich habe nicht eine Bewegung gemacht, ohne sie zu fragen. Habe ich eine Antwort bekommen, dann war es klar, habe ich keine bekommen, dann ging ich nach meinem Innersten. Sie war einfach begleitend. Es gab in diesem Sinne gar nicht viel zu sagen, weil es solch eine Selbstverständlichkeit hatte. Für mich war es ein Sein wie ein Fisch im Wasser, das erste Mal in meinem Leben. Frau Tweedie hat es einfach bestätigt. Sie hat manchmal etwas kommentiert, wenn ich ein Seminar leitete, so dass ich Rückmeldung bekam. Oder sie gab mir gewisse Anweisungen, oder sie sagte mir, wie mit den Menschen umzugehen sei, wie ich gewisse Dinge handhaben solle, wo ich achtsam sein solle. Auf diese Weise fand die Vorbereitung statt.

Wie eine Art Lehrzeit.

Ja. Bei den Buddhisten ist es genauso. Zuerst erhält zum Beispiel eine Zen-Schülerin die Erlaubnis zu lehren und bekommt dabei den Titel *Sensei*. Nach einigen Jahren des Lehrens, wenn sie die »Probezeit« bestanden hat, kann sie zum *Roshi* ernannt werden. Damit übernimmt sie es, diese buddhistische Linie weiterzuführen. Ich sehe, dass ich eine ähnliche Lehrzeit hatte. Ich bekam Anweisungen, Frau Tweedie beobachtete, wie ich das machte, ob es richtig war, ob es nicht richtig war. Einmal bekam ich einen Brief von ihr, in dem sie mich kritisierte und zurechtwies. Es war ein Donnerschlag für mich. Es ist nicht so, dass ich nicht mein Bestes getan und nicht wirklich versucht hätte, wachsam zu sein. Es ist jedoch so, dass der blinde Fleck eben der blinde Fleck ist, den man nicht sieht. Aufgrund dieses Briefs kam ich in eine enorme innere Not. Ich erzählte schon davon, als ich von der Zeit sprach, zu der ich der Advaita-Lehre begegnete – es ging darum, die Person vollständig zu überwinden. Das war wirklich ein Ringen, auch um Hilfe. Weil ich mich nach nichts mehr sehnte, als wirklich alles hinter mir zu lassen. Aber man kann es nicht *machen*. Und ich habe ihren Brief sofort akzeptiert, alles, was sie gesagt hat. Sie war sehr gespannt, wie ich reagieren würde. Ich habe mit allen Kräften versucht, das aufzulösen; natürlich war es das Ego, waren es Ego-Probleme. Ich habe versucht und versucht und bin dann an einen Punkt gelangt, wo ich dachte, ich kann so nicht mehr weiterarbeiten. Ich war bereit, die Funktion des Lehrens niederzulegen. Die Bedingungen waren für mich unerträglich geworden, ich wurde krank und ging innerlich ein.

In dieser Situation ging ich zu Frau Tweedie. Bei diesem Treffen hat sie mich autorisiert, die Tradition der Naqshbandiyya-Mujaddidiyya-Sufi-Linie »in full consent« weiterzuführen. Und dann hat sie gesag: »Weiterführen, wo immer du willst und wie immer du willst.« Sie hat gesagt: »…wenn du willst.« Es ist immer freier Wille. Es ist immer die Freiheit. Und was will man anderes tun, Anna, verstehst du?

Ich werde das immer tun. Ob mit Menschen, die zu mir kommen, oder ohne, das spielt überhaupt keine Rolle. Wenn man sich zur Verfügung gestellt hat und diese Arbeit tut – dann bleibt einem gar nichts anderes übrig. Viele meinen, das sei vielleicht toll und wunderbar. Aber man macht sich keine Vorstellungen, welche Leiden man in einer solchen Arbeit durchzustehen hat und was an psychischem Druck geschieht. Frau Tweedie hat gesagt, man braucht eine breite Schulter. Sie war ganz bescheiden. Hat nur gesagt, man braucht eine breite Schulter. Man sieht alles, erträgt alles, du meine Güte … Aber das ist nur ein kleiner Teil. Das ist Nebensache, wirklich.

Du hast neun Jahre Zeit gehabt mit Frau Tweedie an der Seite für diesen Prozess. Jetzt ist es ein Jahr, seit Frau Tweedie tot ist. Hat sich dadurch etwas verändert für dich?

Ja. Während der neun Jahre habe ich einfach sehr, sehr genau zugehört, was Frau Tweedie gesagt hat. Meine Aufmerksamkeit war eigentlich permanent dort. Mit ihrem Tod wurde die Aufmerksamkeit zurückgeworfen auf mein Innerstes. Das hat sich verändert. Es ist auch so, dass eine gewisse Weiterentwicklung stattfindet. Die war für mich nicht möglich, solange Frau Tweedie noch lebte, weil ich wusste, wie kostbar diese restliche Zeit ist. Sie war 92 Jahre alt. Da weiß man, dass es nicht mehr lange dauern wird, und darum war wirklich die volle Aufmerksamkeit auf sie gerichtet. Nun kann ich sie nicht mehr auf *diese* Weise fragen, das ist wirklich ein Unterschied, es ist kein Mensch, kein vis-à-vis mehr da im physischen Sinne, mit dem man sprechen darf, den man fragen darf. Das ist ein großer Wandel. Etwas ist genommen worden, aber gleichzeitig ist etwas gegeben worden. Und jetzt wurde es möglich, dass sich der Duft, die spezifische Farbe – nicht die Essenz – langsam mit der Umgebung vermengt. Das ist ein Prozess, der langsam geschieht. Manchmal fordert es bei mir Mut heraus, zu *dem* Duft auf diese Weise zu stehen, ihn geschehen zu lassen. Frau Tweedie, Bhai Sahib, Guru Maharaj – das sind große Vorbilder. Wer bin ich? Ich weiß es nicht. Und so tut man einfach, was man zu tun hat. Ich versuche einfach, das zu tun, was es zu tun gibt. Das ist alles. Nicht mehr. Und nicht weniger.

Übrigens ist die Nachfolge *immer* eines der schwierigsten Dinge, die es überhaupt gibt in einer Tradition – die Übergabe von einem zum anderen. Das ist sehr heikel. Wir können das auch bei anderen Schulen beziehungsweise Lehrern sehen, bei Karmapa, Kirpal Singh, Muktananda, Ayya Khema. Das ist eine ganz, ganz diffizile Angelegenheit. Frau Tweedie hat mir ganz am Schluss gesagt, dass Guruji nie von Nachfolge gesprochen habe. Es ist ja auch interessant, dass dieses Wort im Buch von Frau Tweedie nicht zu finden ist. Sie wurde nie ausdrücklich als Nachfolgerin eingesetzt. Und sie hat mir gesagt, Guruji habe einfach die fähigsten Leute eingesetzt. Das habe er gemacht, aber er habe *nicht* von Nachfolge gesprochen.

Wirklich – der Lehrer hat keinen Namen, kein Gesicht, es geht nicht um eine Person, es geht nicht um einen Namen, um ein spezifisches Gesicht. Es geht um DAS, das keine Form, keinen Namen hat. Das Präsentsein. Das ist das Einzige, das bewirkt. Der leere Raum. Ich denke, es ist wirklich wichtig, das zu verstehen. Wenn wir uns mit einer Person identifizieren, dann kann das vorübergehend vielleicht notwendig sein, aber in letzter Instanz geht es um keinen Namen, kein Gesicht, keine Form, keine Gestalt. Nur um DAS. Das ist auch ein Prozess des Erwachsenwerdens. Wie im Umgang mit dem Gottesbegriff. Jede Religion sagt, mach dir keine Bilder Gottes. Und was geschieht? Auch hier braucht es dieses erwachsene Verständnis – es gibt nichts anderes als ES. DAS.

Nachgefragt

❧

Annette, bevor wir zum Schluss kommen, möchte ich bei einigen Punkten noch einmal genauer nachfragen. Du hast zum Beispiel gesagt, im Zusammenhang mit der Reise in Gott, dass dies entwicklungsmäßig der nächste Schritt sei, der eine Sprache finden wird. Als ich von der Abtötung des Ego sprach, meintest du, das sei mittelalterliche Sprache. Es scheint, dass Mystik in unserer Zeit noch keine wirklich zeitgemäße Sprache hat. Ich fand es zum Beispiel sehr spannend, als ich von Dorothee Sölle hörte, die »Mystik müsste demokratisiert« werden – da treffen Jahrhunderte und völlig unterschiedliche Bereiche plötzlich in der Sprache zusammen. Für mich hatte das eine richtig erfrischende Wirkung. Willigis Jäger meint dazu, dass die modernen Naturwissenschaften der mystischen Spiritualität die Bilder und Begriffe liefern werden, mit denen sie sich artikulieren kann.

Wie siehst du das, wie erlebst du das selber in deiner Arbeit? Erlebst du da einen Mangel?

Da gibt es tatsächlich eine Schwierigkeit. Es scheint fast so, als fände in der Sprache eine Häutung statt.

Auf der einen Seite haben Mystiker in der Poesie eine Sprache gefunden, die wir verstehen, die fast zeitlos ist, so wie die Haikus im Japanischen. Diese Sprache hat eine zeitlose Dimension. Wenn wir aber einen Pfad erklären und nicht in poetischen Worten, nicht in Andeutungen, in Analogien sprechen können, sondern linear sprechen müssen, dann fehlt uns noch eine Sprache dafür. Das haben wir in unserem Gespräch doch auch manchmal gespürt. Wir haben noch sehr viele alte Bilder, aus der Bibel zum Beispiel, die sich eingeprägt haben, die irgendwo noch mitschwingen. Ich denke, eine Arbeit, die wir heute zu leisten haben, besteht darin, das, was Ballast ist oder was überflüssig ist, loszulassen, um eine Alltagssprache zu entwickeln, eine mystische Alltagssprache, die eine gewisse Selbstverständlichkeit hat, nicht etwas Überzogenes, Abgehobenes.

Vielleicht eine Sprache, mit der man einfach mal erzählen kann, was man da eigentlich tut, ohne dass es komisch wirkt oder peinlich. Eine Sprache, mit der man auch einmal der Mutter oder dem Kollegen vermitteln kann, zu welcher Gruppe man am Donnerstagabend hingeht.

Ja. Das ist natürlich auch gesellschaftlich bedingt, von unseren Werten, der inneren Orientierung und von unserem Weltbild her, die wenig Raum für ein anderes Verständnis lassen. Die Naturwissenschaften lehren uns ja heute, dass das Weltbild, von dem wir ausgehen, eigentlich mittelalterlich ist und dass die Grundorientierung, wie wir die Welt sehen, nicht mehr den neuesten Erkenntnissen standhält. Es ist also viel in Bewegung, wo Öffnungen und Neuorientierungen stattfinden müssen. In diesem Prozess wird dann vermutlich auch diese Sprache alltäglicher oder einen Platz finden, der selbstverständlicher, alltäglicher sein kann.

Diese Öffnungen gehen sicherlich weit über die Sprache hinaus.

Natürlich. Wenn zum Beispiel die buddhistische Lehrerin Ani Tenzin Palmo in ihrem Video »The Nature of the Mind« die

Meinung vertritt, dass der Mensch heute gar nicht mehr alles wissen müsse, zum Beispiel, was die 38 Aspekte des Geistes seien. Das wäre gar nicht mehr so wichtig. Eigentlich müsse der Mensch nur wissen, was der Verstand, der Geist mit ihm macht und wie er damit umzugehen habe. Die alte Schulung im tibetischen Buddhismus verlangte noch, diese 38 Aspekte auswendig zu lernen. Das braucht unglaublich viel Zeit und erfordert eine hohe Konzentration, bis man diese ganze Schulung hinter sich hat. Und ich denke, dass heute vieles gleichsam abgeschuppt wird, dass es nicht mehr notwendig ist, all diese Dinge zu wissen.

Vielleicht weil wir in einer Kultur der Wissensüberflutung leben und die Spiritualität uns die Einfachheit wiederbringt.

Wir müssen geradlinig auf den Kern zugehen. Das erfordert natürlich auch von Seiten der Lehrer einen gewissen Mut, eine Sprache zu finden, die viel von der jeweiligen Tradition loslassen kann und wirklich zur Kernlehre vorstößt. Eine Sprache, die jeder normale Mensch verstehen und nachvollziehen kann. Schließlich ist sich selbst zu erkennen die natürlichste Sache der Welt, sie ist jedem Menschen innewohnend. Man muss dazu nicht in die Kirche gehen oder diese und jene Rituale üben oder irgendwelche Glaubensbekenntnisse auswendig lernen. Daraus, vom Kern her, wird die neue Sprache entstehen.

Die Naturwissenschaften zwingen uns durchaus dazu, sie werden uns unser gewohntes Weltbild einfach unter den Füßen wegziehen. Und so bricht das Neue auf.

Zum Beispiel hat Roshi Bernard Glassman mit verschiedenen Leuten Koans zusammengestellt, die nicht mehr buddhistisch sind, sondern von Menschen aller Kulturen verstanden werden können. Das ist interessant. Du siehst, es sind verschiedene Menschen in unterschiedlichen Schulen mit dem Prozess beschäftigt, möglichst präzise und einfach den Kern der Lehre freizulegen. Dort wird dann auch der Dialog stattfinden, dort liegt die Geburt.

Ein weiterer Aspekt ist, dass die Menschen heute mehr und mehr selbst wissen, was sie anspricht. Das ist das eine. Andererseits braucht es natürlich auch die Spiegelung von außen, die ist immer noch hilfreich. Diese emanzipatorischen Schritte im Spirituellen sind wirklich eine Gratwanderung. »Demokratisierung der Mystik« – das hat damit zu tun, dass der Mensch auch in der Spiritualität selbst verantwortlich wird. Und andererseits, wo er selbst nicht sieht, ist es notwendig, Führung zuzulassen. Das ist heikel, weil sich natürlich überall das Ego hineinschleichen kann.

Aber im Allgemeinen geht die Tendenz in diese Richtung. Wir sprechen mehr über Spiritualität, wir haben mehr Zugang zu dem esoterischen Grundwissen der verschiedenen Pfade. Es gibt immer mehr Bücher zu diesem Thema, das heißt, die Menschen sind interessiert, sie machen sich langsam ein Bild. Das war vorher gar nicht möglich. So wird man vielleicht auch eher mündig, kann eher erkennen, was für einen notwendig ist. Wenn man wirklich wahrhaftig und ernsthaft ist – und das ist das Wesentliche –, führt jeder Weg nach Hause. Wenn man zutiefst auf das EINE ausgerichtet ist, ist das zwangsläufig so.

Durch diese Öffnung der Wege sind uns alle Wege zugänglich und du hast es eben noch einmal gesagt, dass uns jeder Weg zur Wahrheit führt. Aber wie ist es damit, wenn sich die Wege vermischen? Zen und christliche Mystik zum Beispiel können sich gegenseitig unterstützen, aber wie ist es, wenn ich hier ein bisschen von dem nehme und dort ein bisschen von dem, also wenn ich ständig wechsle, Pfadehüpfen betreibe oder spirituelles Zappen – muss man nicht auch heute noch konsequent auf einer Speiche bleiben, um zum Ziel zu kommen?

Aus meiner Erfahrung muss ich das ganz eindeutig bejahen. Ich habe beobachten können, dass es Menschen, die sehr häufig wechseln, meistens nicht viel gebracht hat. Durch die Praxis auf einem Pfad stößt man an eigene Grenzen, kommt an bestimmte Schwellen. Und gerade an diesem Punkt wechselt man häufig den Pfad, denkt, nein, dieser Pfad, der ist doch nicht so gut, nein, dieser Lehrer oder diese Lehrerin ist es auch nicht. Und versucht den Nächsten. Das geht dann wieder eine gewisse Zeit, bis man wieder an diese Schwelle kommt. Sich selbst erkennen heißt, diese Schwellen zu überschreiten, also die eigenen Begrenzungen wahrzunehmen, zu durchschreiten und weiterzugehen. Wenn zu häufig gewechselt wird, kann dieser Reifungs-, dieser Gärungsprozess nicht wirklich stattfinden. Man kann jemanden auf einem Pfad auch nur begleiten, wenn es eine gewisse Kontinuität gibt.

Wenn jemand zum Beispiel zu mir kommt und eigentlich Zen übt, vielleicht nur einmal da ist und dann irgendwelche Erfahrungen macht, so ist das ganz schwierig für mich, mit diesem Menschen darüber zu sprechen.

Warum?

Ich kenne die Schulung auf dieser einen Speiche, ich kenne die Dynamik darin, die Stationen, die Schleichwege, die Schwierigkeiten. Darüber kann ich sprechen. Wenn häufig gewechselt wird, kann man gar nichts sagen.

Das ist der eine Punkt. Meine persönliche Erfahrung ist, dass man die Pfade überprüfen soll, einen wählt und den dann wirklich geht.

Jetzt kann es aber sein, dass zu einem bestimmten Zeitpunkt der Mensch innerlich irgendwo anstößt und dann ist es sehr wohl möglich, dass man ihn entweder zu jemandem anderen schickt oder ihm eine Praxis empfiehlt, die man selber aus einem anderen Pfad kennt.

Für einen bestimmten Punkt?

Für einen bestimmten Punkt oder eine bestimmte Situation. Ich habe ja von meiner Erfahrung mit der Lehre Nisargadatta Maharajs erzählt. Oder die Geschichte, die uns Frau Tweedie immer erzählte, wie sie von einem bestimmten Ort im Maghreb träumte: Als sie diesen Ort und den Lehrer schließlich gefunden hatte, wurde sie nach kurzer Zeit wieder weggeschickt. Jeder Pfad hat seinen Akzent, seine bestimmte Stärke in der Schulung. Es kann vorkommen, dass eine Situation entsteht, durch die der Mensch auf einen ganz bestimmten inneren Bereich aufmerksam gemacht wird, den er zu schulen hat, zum Beispiel die Achtsamkeit. Dann steht vielleicht für einige Zeit nicht das Mantra im Vordergrund, sondern die Achtsamkeit. Auch wenn die Schulung der Achtsamkeit in unserem Pfad natürlich enthalten ist, wird sie nicht so dezidiert gelehrt wie zum Beispiel im Buddhismus. In diesem Sinne meine ich das.

Ich habe im Lauf der Zeit auch verstanden, dass nicht für jeden Menschen die Meditation *das* Fahrzeug ist. Für den einen ist dies richtig, für einen anderen jenes – darum kann ich nicht absolut sagen: Das ist es für *alle* Menschen. Das ist unmöglich. Ich kann auch nicht sagen, nur dieser Pfad bringt euch nach Hause, das kann ich einfach nicht sagen. Ich weiß, dass es nicht stimmt. Ich kann allerdings nur mit den Erfahrungen auf dem Pfad arbeiten, in dem ich meine Schulung erfahren habe. Das ist mein Werkzeug.

Du hast mehrmals im Lauf unserer Gespräche gesagt, dass die Arbeit an einem selbst ein Leben lang weitergeht und dass auch nach der Integration der mystischen Erfahrung ein Leben lang Schattenanteile in uns sein werden. Das birgt für mich jetzt die Frage: Wird man denn seine Struktur eigentlich nie los?

Zunächst ist es so, dass wir uns selbst kennen lernen. Dann wird diese Erfahrung gegeben, leise oder ganz tief, schockartig manchmal, die Erfahrung der Liebe, der Einheit, des Nichts. Das Erleben solch einer tiefen mystischen Erfahrung, die wie gesagt ganz leise sein kann, kaum spürbar, manchmal aber auch dramatisch, wie ein Schlag, der einem versetzt wird, bedeutet nicht, dass wir dann in diesem Zustand bleiben. In neun von zehn Fällen bedeutet die Einheitserfahrung nicht, dass die Ich-Struktur ganz transformiert ist. Ich habe schon von Ramana Maharshi gesprochen, er hatte diese tiefe Erfahrung mit sechzehn Jahren und brauchte dann dreißig Jahre, um sie zu integrieren, um die beiden Welten wieder miteinander zu verbinden.

Es ist die Frage, wie tiefgreifend die mystischen Erfahrungen sind, ob durch sie die Ich-Struktur wirklich transformiert wird. Für viele Menschen ist das ein Prozess, der gewiss nicht mit einer einzigen Erfahrung erledigt ist. Dieses Thema wird überhaupt erst neuerdings angesprochen. Eine so genannte Erleuchtung garantiert nicht, dass das Ego verschwindet.

142

Das hat auch damit zu tun, worüber wir gerade gesprochen haben – dass es noch wenig Sprache gibt für diesen Bereich, für dieses *In*-Gott-Leben. Wir haben heute verschiedene Lehrer und Lehrerinnen, die solche Erfahrungen gemacht haben und realisieren, dass sie zum Beispiel immer noch verletzt werden können, dass sie selber verletzen. Man beginnt, darüber zu sprechen. Bis jetzt waren die mystischen Pfade eigentlich definiert bis zur Erleuchtung. Im Zen enden zum Beispiel die meisten Geschichten mit: » ... und er war erleuchtet.« Aber wie's nachher aussieht, darüber ist ganz wenig gesagt. Heute beginnt ein Austausch darüber, weil man einfach merkt – he, da ist immer noch diese Person, was hat jetzt zu geschehen, was ist der nächste Schritt?

Jeder hat so seine Themen, die teilweise sehr früh entstehen durch Konditionierung, durch die Kultur oder die Prägung, mit der man überhaupt hier auf der Welt ankommt. Ich habe den Eindruck, dass etwas davon immer bleibt. Auch nach den Erfahrungen, auch nach der Integration der Erfahrungen. Du hast gesagt, dass die Schattenbereiche sich nie ganz auflösen. Etwas von den Kanten, den Eigenheiten eines Menschen bleibt einfach, auch nach allen Erfahrungen und auch nach der Integration der Erfahrungen.

Was du sagst, ist richtig. Wir sind ja auf diese Erde gekommen mit einem bestimmten Duft. »Duft« ist immer ein Aspekt der Einzigartigkeit des Menschen. Man kann auch sagen Klang. Ein C ist ein C, ein G ist ein G, Moll ist Moll. Und insofern bleibt eine gewisse Struktur. Man muss sie gar nicht bewerten nach gut oder schlecht. Aber dieser Klang, dieser Duft, diese Farbe, die bleibt. Weil ES sich widerspiegelt in der Vielfalt. Das EINE spiegelt sich in diesen Milliarden von Aspekten des EINEN wider.

Da wir diesen Duft, diese Farbe, diese eine Struktur *leben* müssen, bleibt sie uns. Wenn wir zum Beispiel Sanguiniker sind, werden wir nicht plötzlich Phlegmatiker oder umgekehrt. Das sanguinische Temperament wird bleiben, basta. Das ist Teil des Duftes, des Klangs – das bleibt. Der Unterschied ist, dass man das einfach beobachten kann: Ah, ES will sich temperamentmäßig sanguinisch äußern. Das ist SEIN Ausdruck, man ist nicht identifiziert, sondern sieht, das ist der Tanz der Maya, der Tanz der Erscheinungswelt. Man ist wie eine Zeugin, die beobachtet. Das wird immer bleiben.

Wenn wir vom Schatten reden, den wir zu integrieren haben, dann verstehe ich das nicht als eine Schwerstarbeit. Als ich das erste Mal hörte »Schattenarbeit«, da hab ich mich gleich geduckt, weil ich dachte, oh Schreck. Ich war überwältigt und dachte, das schaff ich nie. Heute habe ich eine Art Liebesbeziehung zum Schatten. Er ist da – so what? Ich begrüße ihn, schau ihn an und geh weiter. Das ist alles. So ist es auch nicht so schwer. Er gehört zum Leben wie Abwaschen. Alles hat eine Selbstverständlichkeit, wird nicht mehr bewertet.

Dieser Aspekt, dass die Erleuchtung noch nicht die Integration bedeutet – lass uns darüber noch genauer sprechen. Auch Frau Tweedies Buch endet ja damit, dass sie ihre Einheitserfahrung andeutungsweise beschreibt. Kurze Zeit vorher hatte ihr Lehrer noch zu ihr gesagt, dass sie – nach allem was sie durchgemacht hatte – noch nirgendwo sei, und dies sei erst der Beginn des spirituellen Pfades. Also – wie geht's denn eigentlich weiter? Nach der Erleuchtung.

Ich muss immer insgeheim lachen, wenn ich höre – Erleuchtung. So viele Bilder sind da vermischt.

Es gibt da diese innere Erfahrung, dass alles eins ist und dass das, was wir sind, in Wirklichkeit nichts ist. In Essenz. Das kann eine Erfahrung sein, die eine Sekunde dauert, eine halbe Sekunde. Sie kann auch andauern. Die meisten Menschen fallen wieder da heraus und kommen wieder zurück in diese Welt. Dann ist man wieder mit sich selbst konfrontiert, man erfährt Konflikte, Reibung, fühlt sich verletzt, verletzt vermutlich selber auch noch.

Das gilt es erst einmal grundsätzlich anzunehmen. »Erleuchteter Mensch« – was heißt das überhaupt? Damit sind so viele Vorstellungen verknüpft. Ich glaube, wenn man diese Prozesse selbst durchgeht, wird man stiller. Man merkt, wenn man aufrichtig, wahrhaftig mit sich selbst ist, wie diese tiefe Erfahrung in den Alltag hineinschwingen kann und wie sie einen auch wieder in die Zweiheit hinausfallen lässt. Es geht darum, sich dies einzugestehen. Schlicht und einfach. Natürlich ist es so, dass sich diese Zustände des Einsseins vertiefen, wenn man die Praxis weiterführt. Es wird mehr und mehr zu einer inneren Gewissheit, etwas was vorher nur sehr fein war, vielleicht wie ein silberner Glockenklang, wird plötzlich ein tiefer Glockenschlag, der noch lange, lange nachhallt. Dieser Zustand lässt uns in einem Sein weilen, das unpersönlich ist. Es ist einfach ein Gewahrsein da, ohne persönlich getroffen, ohne vom Wechsel der Erscheinungen irritiert zu sein. Meine Erfahrung ist, dass sich diese Perioden, diese zunächst kleinen Sequenzen, zeitlich ausdehnen. Dann verschwinden sie wieder. Dann kommen sie wieder. Es braucht immer noch eine gewisse Bemühung, im Sinne von Ausgerichtetsein.

Ich kann nicht behaupten, dass ich immer in einem Zustand der Einheit bin. Ich merke schneller, wenn ich draußen bin, und ich kann mich schneller wieder hineinnehmen in dieses Sein.

Wenn man diesem Sein, dem Göttlichen, auch nur *eine* Eigenschaft überhaupt geben könnte, dann ist es die Liebe. Das wird einerseits vertieft und dehnt sich zeitlich aus. Aber es braucht viel, viel Zeit.

Es erfordert die Bereitschaft, alle Bereiche, die man im Alltäglichen noch nicht integriert hat, anzuschauen, anzugehen, zu versöhnen, Ja dazu zu sagen. Und der Alltag wird uns zeigen, dass das Leben der größte Lehrer ist. Es gibt Menschen, die haben Erleuchtungserfahrungen, waren lange Zeit im Kloster, besitzen einen scharfen Geist, aber sind dann, wenn sie zum Beispiel ins normale Alltagsleben zurückkehren, emotional völlig unterentwickelt.

Vielleicht ist es notwendig, für das weitere Wachstum an seinem emotionalen Teil zu arbeiten. Wer weiß. Man wird das innerlich spüren, das kann jeder und jede für sich selber herausfinden. Ich denke, dass es sich um einen spiralförmigen Prozess handelt. Es ist heute den verschiedenen Lehrern und Lehrerinnen aus West und Ost bewusst, dass große Erleuchtungserfahrungen nicht unbedingt garantieren, dass kein Ego mehr da ist. Das bedeutet, wachsam zu sein, weiterzulernen. Es gibt eine schöne indische Weisheit, die lautet:

Die Welt ist Illusion,
alles ist Brahman,
die Welt ist Brahman.

Über den ersten Satz, *die Welt ist Illusion*, brauchen wir nicht mehr viel zu reden. *Alles ist Brahman*, das ist diese Einheitserfahrung oder die Erfahrung des Nichts, in der wir wissen, dies sind wir nicht, das sind wir nicht, jenes sind wir auch nicht, so dass eigentlich diese Erleuchtungserfahrung eine ex-klusive, eine ausschließende Erfahrung ist. Nun heißt der dritte Satz – *die Welt ist Brahman*. Das heißt, du bist Brahman, der Baum ist Brahman, die Amsel da draußen ist Brahman, der Mann, der mich ärgert, ist Brahman, die Hungersnot in Afrika ist Brahman – und das ist etwas, was man fast eine in-klusive Erleuchtungserfahrung nennen könnte, die alles wieder umfasst und keinen Unterschied macht. Ich meine das alles nicht intellektuell, sondern gelebt. Gelebt. Das ist natürlich eine große Aufgabe, und sie verlangt Zeit. Und so müssen wir diese innere Erfahrung der Erleuchtung ganz praktisch umsetzen. Darum heißt es ja auch, unser Pfad ist eine Lebensweise. Darin liegt wirklich eine Größe.

Ich bin davon überzeugt, dass wir dafür das ganze Leben haben. Es spielt keine Rolle, ob wir die Integration bis ans Lebensende »erreicht« haben oder ob wir sie nicht »erreichen«. Wir sind einfach Menschen, und innen ist die Gewissheit, dass alles nichts ist.

So kann ich ganz praktisch meine Tage anschauen, meine Fehler, meine Schwächen, und ich verurteile mich nicht dabei. Ich schaue und sage o.k. Allerdings liegt immer mehr eine Leichtigkeit darin, je mehr dieses Herausschälen aus der Person geschieht. Es geschieht, es wird einem auch irgendwo geschenkt.

Das Sein besitzt für mich eine Herzqualität, es ist so unendlich weit und offen. Man ist einfach wach, das ist der Seinszustand. Und je mehr ES sein darf, desto spontaner und natürlicher wird das Leben. Ich muss mich nicht anstrengen, etwas zu erreichen, es gibt nichts zu erreichen. Man beobachtet einfach SEINE Spiegelung. Dann bekommt alles eine gewisse Leichtigkeit. Mehr und mehr. Guruji hat ja gesagt, am Anfang ist der Pfad anstrengend und dann wird es leichter. Es wird wirklich leicht.

Aber es ist gewiss kein Weg von A nach B, und die Linie geht nicht ständig steigend nach oben. Es gibt manchmal auch wieder Einbrüche von Verzweiflung – wie nicht von dieser Welt. Aber wenn man das weiß und auch dort mehr in das Beobachten geht, kann man mehr und mehr akzeptieren, dass es einfach dazugehört.

Vielleicht hat dieser Aspekt etwas damit zu tun, dass so viele Menschen Angst vor dem Pfad haben. Ich bekomme immer wieder mit, dass die Augen der Menschen voller Sehnsucht sind, dass sie die Literatur, die Bücher verschlingen, dass sie wissen, wo sich die nächste Meditationsgruppe trifft – und doch gehen sie nicht hin. Was ist deine Erfahrung, zu dir kommen die Menschen ja auch »neu«, was meinst du, was diese Angst ist? Dieses Zögern, den Schritt zu tun und sich auf den Pfad einzulassen.

Das können ganz verschiedene Gründe sein. Ich denke, einer ist sicher die Angst davor, die so genannte Kontrolle über das Leben zu verlieren. Die Menschen sind fest davon überzeugt, sie hätten das Leben im Griff. Wenn man genau hinschaut, ist das natürlich nicht so. Aber sicher kristallisiert sich dort eine Angst.

Ach, die Ängste sind so mannigfaltig. Es ist auch die Angst, mit sich selbst konfrontiert zu sein – man hat schlicht und einfach Angst vor sich selbst. Man hat Angst, verführt zu werden, man hat von Sekten, von Missbrauch im spirituellen Bereich gehört.

Ich glaube, es gibt eine Ahnung im Menschen, dass sich im Leben etwas ganz tiefgründig verändern könnte und ein Teil unseres Wesens hat Angst davor, wehrt sich, windet sich. Diese Ängste werden sich nicht nur gegenüber dem Spirituellen manifestieren, sie werden sich auch in anderen Lebensbereichen spiegeln. Das ist die Angst vor Veränderung, also letztlich die Angst vor dem Tod und damit die Angst vor dem Leben.

Man spürt das wahrscheinlich vorher. Man weiß irgendwo, dass man auf einem Pfad mit ganz tiefen Fragen konfrontiert wird. Da ist diese leise Ahnung vorhanden.

Davon, dass es leicht wird oder heiter oder wie du erzählt hast, dass man in den dunklen Zeiten ein inneres Gehaltensein spürt – all das ahnt man nicht, das ist einem in dieser Phase, in der man sich dem Weg annähert, noch verschlossen.

Ich fände es sehr schön, Annette, wenn du nach all dem, was wir an Phasen und Stationen erwähnt haben, noch einmal deutlich machen könntest – sofern man es überhaupt in Worte fassen kann – , welche Freude es ist, die man erlebt, oder wie dieses Leben ist, wenn es leicht ist. Ich frage dich nicht, macht es dir Spaß, den spirituellen Weg gegangen zu sein.

Das wäre auch ein bisschen dreist.

Ja, das wäre dreist. Obwohl die Frage nach dem Spaß auch in unsere Zeit gehört.

Natürlich. Sagen wir mal, es ist eine etwas kecke Frage.

Na ja. Da hast du jetzt erzählt, wie du an dir gearbeitet hast, was du aufgegeben und durchgemacht hast – wofür? Wo ist jetzt eigentlich der Spaß an dieser Sache?

Wo ist der Spaß an dieser Sache? Weißt du, der Humor, der

Spaß, die Leichtigkeit kommen dort, wo du dich einfach als dieses Ganze sehen kannst. Und wo du siehst, wie du dich abmühst, wie du dieses ernst nimmst und jenes ernst nimmst. Und plötzlich, aus einer Betrachterrolle, findest du das unheimlich lustig. Welch Gekrabbel, welch Gekratze, welch Geschaufel! Also, wenn es mir gelingt, diese Perspektive zu halten, und das geschieht mehr und mehr, dann bin ich einfach vergnügt, dann sehe ich mir alles an, als würde ich im Theater sitzen. Wir gehen doch ins Kino, ins Theater, um uns zu amüsieren, um Spaß zu haben und sehen uns all diese Komödien und diese Dramen an. Theaterstücke von Shakespeare finden wir wahnsinnig toll und zahlen teures Geld – und eigentlich läuft das die ganze Zeit auch in unserem Leben ab, wir müssen nur diesen Schritt von uns selbst weg machen, Zeuge sein, gegenwärtig sein. Dann wird es manchmal wirklich lustig. Es ist unglaublich, wenn man dem allem so zuschaut. Und dann – vielleicht ist Spaß nicht das richtige Wort – dann wird es leicht, man lacht über sich selbst, manchmal auch über die anderen. Und diese Perspektive gibt eine gewisse Leichtigkeit. Spiritueller Weg und Spaß – weißt du, ich habe auch gelitten in meinem Leben, ich habe ja davon erzählt, und ich wollte irgendwann einmal ein bisschen freier werden und ein bisschen weniger leiden, und da habe ich halt geschaut, was es denn für Tore gibt. Das spirituelle Leben hatte für mich die Verheißung, dass es dann leicht wird und dass man das Leiden zu überwinden vermag.

Es war am Anfang sicher schwierig, aber es wurde tatsächlich immer leichter. Obwohl von außen gesehen das Leben selbst nicht leichter wird, so ist es nicht. Wenn es einem geschenkt wird, mehr und mehr aus diesem persönlichen Identifiziertsein fallen zu dürfen, dann wird es leichter. Und weißt du, meditieren zum Beispiel ist für mich einfach keine Anstrengung. Ganz am Anfang war meditieren oder das *dhikr* oder jede Praxis zunächst anstrengend, aber sehr schnell wird es leichter. Wenn ich meditiere, bin ich an der Quelle, das ist für mich seelische Nahrung, das ist für mich Erholen, wie wenn ein zerknülltes Seidenpapier sich langsam wieder entfaltet oder wie eine Mohnblume, deren verknitterte Blätter im Aufgehen langsam glatt werden. Das ist es, was für mich Meditation ist. Das ist nicht anstrengend. Das *dhikr*-Sagen ist ein Einschwingen in die Ewigkeit – wie kann das eine Anstrengung sein?

Normaler Mensch

❧

Wie sieht dein Leben heute aus?

Meine beiden Kinder sind inzwischen aus dem Haus. Sie sind erwachsen. Als die Kinder noch kleiner waren, habe ich natürlich überlegt, was mache ich mit ihnen, soll ich ihnen Meditation beibringen oder ein Mantra, oder was soll ich machen. Aber auf unserem Pfad lässt man die Kinder. Frau Tweedie hat uns gesagt, dass die Eltern über ihr Sein die Kinder mitnehmen. Es ist tatsächlich so, dass ein Yogi über sein Sein die Welt verändert. Und Frau Tweedie fügte schmunzelnd hinzu, es ist die subversivste Art, die Welt zu verändern. Mir hat das natürlich sehr gut gefallen ...

Dann unterrichte ich immer noch T'ai Ji, habe eine T'ai Ji-Schule, damit verdiene ich haupsächlich mein Geld zum Leben.

Neu dazugekommen ist die *Villa Unspunnen*, ein wunderbarer Ort übrigens, der auf eine Weise wirklich auch uns gesucht hat. Dieser Ort ist voller Stille, ein Ort der Begegnung. Ich verstehe ihn als Gefäß. Das Innerste dieses Ortes ist für mich absolute Stille, das Nichts, das ist der unsichtbare Boden. Dieses Gefäß, das uns zur Verfügung steht, soll einerseits den Menschen dienen, die diesem Sufi-Pfad folgen – zweimal in der Woche findet hier die Meditation statt –, dann für Retreats, Seminare, für die

Stillen Zeiten. Andererseits möchte ich anderen mystischen Pfaden, Lehrern oder Lehrerinnen aus anderen Traditionen, denen dieser leere, innerste Raum nicht fremd ist, Gelegenheit geben, ihren Unterricht, ihre Meditationen hier durchzuführen. So dass sich langsam, sternförmig vielleicht ein Austausch ergibt, aus dem heraus sich etwas Neues entwickelt, vielleicht eine universelle Spiritualität. Ich sehe den Ort als einen Lichtpunkt, der inspirieren soll und Menschen dienen soll, die wirklich aktiv lernen wollen. Mir ist es auch sehr wichtig, dass wir hier versuchen zu leben, was wir sagen. Leben, was wir erkannt haben, und das heißt auch teilen, auch im materiellen Sinne. Wir haben einen Verein gegründet, »Open Hands«, mit dem wir unter anderem Projekte in Rumänien und Indien unterstützen.

Zusätzlich sind noch die Stillen Zeiten in der *Windschnur* im Chiemgau und Vorträge und Seminare in Deutschland und in der Schweiz, so dass ich einen ziemlich ausgefüllten Alltag habe.

Ich lebe mit meinem Mann in der Ehe. Natürlich praktiziere ich weiter, wenn es innen ruft. Mein ganzes Leben ist dem EINEN gewidmet. Ich tue, was ich zu tun habe, lasse, was ich zu lassen habe. Ich stehe am Morgen auf, meditiere, frühstücke und dann beginnt die Arbeitszeit mit der Vorbereitung von Vorträgen, Korrespondenz, Geschäftssitzungen, Gesprächen mit Menschen, die persönliche oder spirituelle Probleme haben. Meistens versuche ich, täglich einen Spaziergang zu machen, T'ai Ji zu üben, das heißt, einen Atemraum zwischen den alltäglichen Arbeiten zu haben. Am Abend meditiere ich meistens noch einmal, manchmal schaue ich mir eine Informationssendung im Fernsehen an oder lese. Vor dem Schlafengehen sammle ich mich noch einmal ganz bewusst. Oft bin ich unterwegs auf Vortragreise, Seminaren oder in der Windschnur. Einmal im Jahr ziehe ich mich ganz zurück, verreise dann, um ganz alleine zu sein mit dem EINEN.

Wo immer ich bin, was immer ich tue – ich versuche in jedem Moment in SEINER Präsenz zu sein, gegenwärtig zu sein. Ich folge der Stimme des Herzens. Darin hat auch Fülle Platz, die Fülle des Lebens, wir schließen nichts aus. Darin hat auch Rückzug Platz. Auf eine Weise geschieht wirklich im Alltäglichen das Verbinden beider Welten. Wie ich das beim ersten Besuch bei Frau Tweedie in London, als ich ihre Wohnung betrat, so eindrücklich erlebt habe.

Frau Tweedie zitierte häufig diesen Satz: »Liebe und tu was du willst.« Es ist ein Satz vom heiligen Augustinus. Wir SIND einfach. Es gibt keine bestimmten Tugenden oder eine bestimmte Art, wie wir leben *sollen*. Natürlich gibt es ethische Wegweiser, wie zum Beispiel das Ahimsa-Prinzip – also nicht zu töten –, das in unserer Tradition sehr tiefgreifend verstanden wird. Es geht nicht nur um das Nicht-Töten von anderen Lebewesen, sondern letztlich auch um das Nichtverletzen von Gefühlen anderer Menschen und sich selbst. In diesem Sinne ist eine Gewohnheit, zum Beispiel täglich einen Kaffee trinken zu müssen, schon eine Verletzung. Weil dann der Mensch nicht mehr frei ist. Während ich früher diesen ethischen Wegweiser als von außen kommend empfand, geschieht mit der Hineinführung in die eigene Essenz das Handeln heute von alleine, ganz natürlich und spontan. *Was* ich tue, ist dabei nicht so entscheidend, sondern das *Wie*. Das Handeln ist natürlich und spontan, nicht weil das Prinzip ganz internalisiert ist, sondern weil ES selbst aus Sich selbst heraus wirkt. Es ist das Prinzip der Schöpfung, das freigelegt ist.

Es gibt kein Sollen und Müssen. Dieses Sollen und Müssen ist sehr oft auf Konditionierungen bezogen, die wir durch die Familie oder die Gesellschaft oder durch uns selbst erfahren haben; sie prägen uns und verdecken oft dieses Schöpfungsprinzip, unsere Wesensnatur. Wir leben auf eine Weise ganz natürlich – was immer das heißen mag – unser Wesen. Wir *sind*.

Ich komme hier noch einmal auf das Bild mit dem Rad zurück. Die Speiche ist der *Pfad der Liebe*, auf dem wir angeleitet, geführt werden, und dann gibt es diesen Wechsel, wo wir in die Nabe kommen, wo wir alles zurücklassen. Vielleicht kann ich ein Beispiel dazu bringen. Man leitet jemanden an, Gemüse zu kochen. Da sagt man am Anfang, so jetzt stellst du den Ofen an, dann nimmst du die Pfanne, Öl und Zwiebeln und dann das Gemüse. Nach vielleicht zehn Minuten gibt man die Anweisung, die Herdplatte wieder auszustellen. Das kann natürlich widersprüchlich erscheinen, einmal sagt man, mach sie an und ein andermal sagt man, mach sie aus. Dazwischen vollzieht sich der Prozess des Garwerdens. Wir brauchen gewisse Brücken oder Krücken oder Hilfestellungen, die zu einem bestimmten Zeitpunkt dann wieder abgelegt oder aufgelöst werden.

So ist es auch zu erklären, dass Anweisungen an die Schüler ganz verschieden ausfallen können, obwohl die Frage genau dieselbe war. Es geht darum zu sehen, wo genau ein Mensch steht. Zum Beispiel taucht in einem Traum das Bild des reißenden Stroms auf. In einer Situation wird die »Anweisung« sein: Stürze dich hinein. Bei einem anderen Menschen, der vielleicht gerade in einer sehr fragmentierten Phase ist, geht es aber darum, am Ufer zu stehen, wirklich zu stehen, sich um Struktur zu kümmern. Es ist immer die Frage der Ebene. Wichtig ist es, die

Ebene im Menschen zu erfassen, wo genau er steht. Und dahin zielt die Antwort. Ein anderer Aspekt ist natürlich, dass die Menschen von ihrer Natur her verschieden sind. Der eine braucht mehr Strenge, zu dem sagt man zum Beispiel mehr oder weniger direkt: Meditiere mehr. Ein anderer praktiziert zu angestrengt und braucht mehr Entspanntsein.

Wie ich schon erwähnt habe, wird auf dem Pfad der Liebe viel über eigene Erfahrungen vermittelt. Buchwissen kann zwar hilfreich sein, aber es ist von außen angeeignetes Wissen. Wenn ich ein Buch über das Skifahren lese, dann kann ich noch lange nicht Skifahren. Stehe ich aber auf den Skiern und mache die ersten Versuche, bekomme ich einen Geschmack davon, was Skifahren wirklich heißt. In diesem Sinne werden uns Erfahrungen auf dem Pfad gegeben. Dort nun, an der Schwelle zur Nabe, müssen wir auch die Erfahrungen hinter uns lassen. Das heißt, sie werden hinter sich zurückgelassen. Es besteht die Gefahr – und darum ist auch ein Lehrer wichtig –, dass sich das Ich einnistet, sich mit der mystischen Erfahrung zu identifizieren beginnt. Das ist die Inflationsgefahr, wie es in der Psychologie heißt. Da braucht es ein wachsames Auge, auch für sich selber natürlich. Aber tatsächlich, in Essenz, lassen wir auch die mystischen Erfahrungen hinter uns, weil es niemanden gibt, der oder die erfahren kann. ES erfährt sich. ES erkennt sich über die Spiegelung, wird sich Seiner selbst bewusst. ER hatte die Sehnsucht danach, erkannt zu werden, danach, dass Sein Schatz, Seine Schätze erkannt werden.

Es gibt eigentlich nur *erfahren*, nicht *ich* erfahre, sondern ES erfährt sich selbst. Das Ich ist der Schleier und der wird gelüftet.

Viele bleiben in der Speiche stecken. Wenn man dort hängen

bleibt, besteht die Gefahr des Dogmatismus. Der Dalai Lama hat eine wunderschöne Aussage gemacht, er hat gesagt, je tiefer die Verwirklichung ist, desto geringer erscheinen die Unterschiede. Er hat dies in Bezug auf die verschiedenen Traditionen gemeint. Und das ist wirklich so.

Ich verstehe mich als universellen Geist. Das hat mehr mit der Zeit zu tun, in die ich hineingeboren wurde, als mit meiner Person. Man wird einfach geboren und ist einzigartig. Das ist ES. Jeder Mensch ist ES. Pures ES.

Wir begegnen in jeder Tradition dem ursprünglichen, universellen Geist und jede Tradition hat seinen besonderen Lichtstrahl als Teil des Ganzen. Im Buddhismus berührt mich besonders das Bodhisattva-Ideal, der Bodhisattva-Gedanke. Wenn wir Frau Tweedie betrachten, diese Liebe, die sie für jeden einzelnen Menschen empfand, das ist für mich Bodhisattva-Qualität. Das lernen wir auch auf dem Pfad. Wir lernen, einen Menschen zu sehen, durch seine Persona hindurchzuschauen und das Herz zu sehen. Und wenn man das Herz sieht, fließt einfach unendliche Liebe. Man versteht diesen Menschen aus tiefstem Herzen. Die Bodhisattva-Qualität ist etwas, das mich sehr mit dem Buddhismus verbindet, dieses Anteilnehmen an der Welt der Erscheinungen, das Mitgefühl. Mitgefühl hat zwei Qualitäten. Die eine ist, dass wir beim anderen seine Verletzlichkeit empfinden, was ihn als Körper, als Form, als Gesicht und Namen betrifft. Man trauert mit, man leidet mit. Die zweite Komponente des Mitgefühls ist, dass der Mensch im anderen dieses Licht sieht, das ewig ist. Und das erfüllt mit größter Freude. Diese beiden Komponenten ermöglichen zu spüren, was im Anderen ist.

Im Islam empfinde ich die Metaphysik im Vergleich zu anderen Traditionen am weitesten entwickelt. Das *La illaha ill'allah* ist der zentrale Pol, die Aussage, dass es nichts außerhalb Gottes gibt. Das ist eine Säule, die zentral verborgen in jeder Religion liegt, aber im Islam einzigartig klar ausgedrückt wird. Es ist diese Aussage, die die Sulfis einst dorthin geführt hat und die Bhai Sahib so unendlich weit geöffnet hat mit seinem: Es gibt nichts als das Nichts. Das andere ist das Prinzip der Hingabe.

Alle Traditionen sprechen von der Liebe – sie ist die größte Kraft im ganzen Universum. Sie vermag Berge zu versetzen, sie ist die höchste Dynamik. Wenn wir von einem universellen Bewusstsein oder universellen Geist sprechen, kann ich jetzt natürlich nur kleine Teile ansprechen. Im Hinduismus ist es die Advaita-Lehre, die das Nicht-Zwei vertieft, die mich besonders berührt. Frau Tweedie sprach in den letzten zwei, drei Jahren ihres Lebens immer wieder davon, dass, wenn sie noch einmal Vorträge halten könnte, sie über die Bhagavadgita sprechen würde. Sie hatte eigentlich noch zwei Jahre vor ihrem Tod vor, eine Art Studiengruppe zusammenzutrommeln, um gemeinsam die Bhagavadgita zu studieren. Die Bhagavadgita kann eine große Hilfe sein auf dem Weg der Transformation; sie vertieft das Verständnis dafür, dass es keinen Handelnden gibt, dass der Mensch auf eine Weise leben kann, die keine Spuren hinterlässt. Der zentrale Punkt ist, dass der Mensch sich nicht als handelnde, abgetrennte Person identifiziert. Das hat mir enorm geholfen. Und dies steht ja tatsächlich in einer gewissen Verbindung zu unserer Tradition. Bei Bhai Sahib wurde häufig aus dem Ramayana vorgelesen, die Veden wurden zitiert; wir stehen in der Tradition der indischen Naqshbandiyya-Mujaddidiyya -Linie.

Von den christlichen Mystikern und Mystikerinnen fühle ich

mich angesprochen durch ihre Sprache, die meinem kulturellen Hintergrund entspricht. Sie inspirieren mich, weil sie dieselbe innere Sprache sprechen wie ich. Mich begeistert, dass alle Mystiker irgendwo dieselbe Sprache sprechen. Die Wahrheit ist Eins. Und das klingt in den Aussagen von Meister Eckehart, Hildegard von Bingen, Mechthild von Magdeburg, Madame de Guyon an. Für mich sind sie eine tiefe Quelle der Inspiration.

Die Sprache im Daoismus, im Daodejing, erscheint mir so weit und undogmatisch, sie lässt den Mensch frei und ist in gewissen Dingen äußerst präzise. Aus dem Daodejing stammt ja der Begriff *das Unbenennbare*. Das Dao kann nicht benannt werden. Eine herrliche Inspiration! Auch die Naturbilder im Daoismus sind wunderschöne Symbole. So zum Beispiel das Bild vom Wasser, das einen Stein zu spalten vermag, also dass das Weiche das Harte aufzulösen, zu verändern vermag, das Wasser, das in die tiefsten Rinnen fließt, was auf einer symbolischen Ebene heißt: die tiefen Rinnen der Gesellschaft, des Menschen, seine Schattenseiten. Da geht keiner gerne hin. Das sind nur einige Beispiele aus dem Daoismus, die mich berühren und inspirieren.

Dieses Universelle finde ich auch in unserem Pfad. Er ist klar, einfach, präzise und gleichzeitig weit wie der Himmel. Form und Leere durchdringen einander, die Essenz bleibt Essenz, das ist das Universelle. Auch, dass alles in der Stille praktiziert wird. Wenn wir wirklich über die *Unio mystica* irgendetwas sagen können, dann können wir eigentlich nur schweigen. Es ist die Stille, die zu offenbaren vermag. Und die Stille ist jeder Tradition gemeinsam. Jede Tradition führt in diese absolute Stille, wo der Mensch schweigt. Lauscht. Und versinkt. Selbstvergessen.

Wenn Sie Kontakt zu Annette Kaiser aufnehmen wollen, schreiben Sie bitte an folgende Adresse:

Annette Kaiser
Oberdorf
CH-3812 Wilderswil

Wenn Sie Informationen über Veranstaltungen von Annette Kaiser in der Schweiz und in Deutschland und/oder das Programm der *Villa Unspunnen* und/oder der *Windschnur* haben wollen, wenden Sie sich bitte an:

Villa Unspunnen
CH-3812 Wilderswil
Tel. 0041 (0) 33 821 04 44
Fax 0041 (0) 33 821 04 45
e-mail: info@villaunspunnen.ch
www.villaunspunnen.ch

Oder an:

die windschnur
Windschnur 6–8
83132 Pittenhart
Tel. 08624 / 89 15 04
Fax 08624 / 89 15 08
e-mail: info@windschnur.de
www.windschnur.de